Francisco Soria

El Guillermo

Barcelona **2024**
Linkgua-ediciones.com

Créditos

Título original: El Guillermo.

© 2024, Red ediciones S.L.

e-mail: info@linkgua.com

Diseño de cubierta: Michel Mallard.

ISBN tapa dura: 978-84-1126-262-0.
ISBN rústica: 978-84-96428-39-3.
ISBN ebook: 978-84-9897-790-5.

Sumario

Créditos _____ 4

Presentación _____ 7
   La vida _____ 7

Personajes _____ 8

Jornada primera _____ 9

Jornada segunda _____ 49

Jornada tercera _____ 91

Libros a la carta _____ 141

Presentación

La vida

Francisco Soria, fue un poeta y dramaturgo tlaxcalteca, autor, entre otros títulos de *El Guillermo*, *El duque de Aquitania*, *La magia mexicana*, *La Genoveva*, *Canto a la Asunción* y *De los celos del amor.*

Personajes

El duque Guillermo
Carlos, hermano de Guillermo
Arnaldo, galán
Godofre, caballero
Eleonora, duquesa
Matilde, dama
Laura, criada
Fray Bernardo
Un obispo
Un peregrino
Chasco, gracioso
Dos soldados del duque
Dos soldados de Carlos
Pierres y Jacques

Jornada primera

(Salen Arnaldo y Chasco, forcejeando con un puñal.)

Arnaldo   Déjame, Chasco, morir
            por mi mano.

Chasco   No haré tal.
            Refiéreme antes tu mal,
            ya que al infierno te has de ir.

Arnaldo   Suelta.

Chasco   No quiero.

Arnaldo   Villano,   5
            vive Dios que a ti también
            tengo de matarte.

Chasco   ¿Quién
            te ha dicho que soy marrano,
            que en día de tanto placer
            me quieres, señor, matar?   10

Arnaldo   Éste es mi mayor pesar.
            suelta el puñal.

Chasco   No ha de ser.

Arnaldo   Pues tómalo, que, en rigor,
            no ha de hacer, con pena tal,
            Chasco, menos el puñal
            que lo que hará mi dolor.
            Hoy que veo se enajena

	Leonor y que me olvidó,	
	¿para qué pretendo yo	
	más puñal que aquesta pena?	20

Chasco

A fe que en la ventregada,
para mí son glorias todas,
y más dos pares de bodas,
que hacen la fiesta doblada;
pues Carlos, del duque hermano,
también casa con Matilde,
y yo no he de perder tilde
de festín tan soberano.

Arnaldo

¡Ay, ingrata mujer! ¿Quién
después de oírte creyera   30
de ti tal cosa?

Chasco

　　　　Cualquiera
que la conociera bien,
que es consecuencia innegable
que yo llegue a conocer
siempre que dice: «¿Es mujer
ésta? —Sí. Luego, es mudable.»

Arnaldo

Con amantes esperanzas
aseguró más mi muerte.

Chasco

Si no fuera de esta suerte,
¿cómo había de haber mudanzas?   40

Arnaldo

Tú sabes con cuántas veras
me las llegó a dar Leonor.

Chasco

No estuvo en eso el error.

Arnaldo	¿Pues en qué?
Chasco	En que la creyeras.
Arnaldo	¡Ay, infelice! ¿Qué haré sin sosiego y sin sentido, con todo mi bien perdido?
Chasco	¿Qué harás? Yo te lo diré. Criaba, con grande esperanza de hacer con ellas mil pruebas, 50 un hortelano unas brevas, para fiesta de su panza. Todos los días el jumento salía a verlas y decía: «aún les falta todavía», y se volvía a su aposento. Pues un día, que amaneció determinado a cortarlas, se fue al árbol a buscarlas, pero pelado le halló. 60 Y, para realce del chiste, grabado el tronco tenía un rótulo que decía: «Para mí las previniste.» Lo mismo a ti con Leonor te pasa, pues la guardaste, y en amor la maduraste para el duque, mi señor. Conque, así, a no poder más, deja pasión tan molesta; 70 madura otra breva, que ésta se la llevó Barrabás.

11

Arnaldo	Tuya es la culpa, Leonor;
	que, si me amara tu pecho,
	bien pudieras no haber hecho
	aquesta ofensa a mi amor.
	Mi sangre es tan generosa,
	que, en lances de merecer,
	ventajas no le ha de hacer
	el gran conde de Tolosa, 80
	tu padre; aunque no le haría
	cargo, ingrata, de mi pena,
	que no te hiciera él ajena,
	si te declararas mía.
	De la casa de Angulema,
	que la nobleza derrama,
	es Arnaldo ilustre rama,
	y debiera...
Chasco	Ese es el tema.
Arnaldo	...atender. Mas, ¡ay de mí!
	Detente, pasión celosa, 90
	que Guillermo es quien la goza,
	y su vasallo nací.
	El es el mayor señor
	de la Francia, y yo soy quien
	sus preceptos guarda.
Chasco	Bien.
	Vengado estás de Leonor,
	pues, para ofensas tan claras,
	qué más castigo has querido
	que haber topado un marido
	de condiciones tan raras. 100

Hombre tan descompasado,
que de nueve cuartas pasa
su tamaño, y aun escasa
la ponderación ha estado.
Su mano es basa de rueca;
pues yo —con no ser sencilla—
tomara de pantorrilla
lo que él tiene de muñeca.
Tiene también desiguales
(según el sastre asegura)   110
los brazos, y de cintura
tiene dos varas cabales.
Y es tan racional caimán
—de quijadas tan forzudo—
que se come un gallo crudo,
sin salsa, caldo ni pan.
Y con grande bizarría,
muy denodado y severo,
se sopla un carnero entero
en el discurso de un día.   120
Es tirano, mal sufrido,
osado, cruel, horroroso,
y el hombre más lujurioso
que en Francia se ha conocido.
Y, si oye tocar la caja
de guerra, como si fuera
loco tira la montera,
y hasta las paredes raja.

Arnaldo   Es así. Mas centellean
                 entre tan fieras acciones,   130
                 Chasco, yo no sé qué dones
                 que le ilustran y hermosean.

Chasco

Ya con la conversación
que traíamos —descuidados—
por nuestros pasos contados
nos vamos a la función.
Y, como quien no le quiere,
a la sala hemos llegado
de los novios.

(Entran por una puerta y salen por otra. Entre tanto, se ha mudado el teatro en un salón ricamente adornado. Allí se ven el duque y Eleonora, de las manos; Carlos y Matilde, del mismo modo; el obispo, dos pajes con fuentes, toallas, mitra y báculo; Godofre, Laura —con todo el posible acompañamiento— en ademán de que acaban de casarse los príncipes. Suena música y cantan.)

Arnaldo

Desdichado
del que esto mira y no muere.   140

(Cantan.)

«El más luciente Febo
en Aquitania,
de singularidades
hoy hace gala,
pues afable halla,
en su feliz consorcio,
la mayor gracia.»

Obispo

Vuestra alteza, gran señor,
de la beldad soberana
de Eleonora, mi señora,   150
goce por edades largas.
Y vuexcelencia también
logre, con feliz prosapia,
de la señora Matilde
la unión hermosa y gallarda.
De entrambos ilustres troncos,
ramas sucesoras nazcan,

que hereden la monarquía
de la corona de Francia.

Carlos (En pie.)   Mil años os guarde el cielo,   160
santo obispo de Pictavia,
que, bodas por vuestra mano,
fuerza es que consigo traigan
mil bendiciones y dichas.

Obispo(Aparte.)   (¡Guillermo no habla palabra!)
(Cantan.)   «En venturas, su hermano
feliz le iguala;
pues, olmo generoso
de ilustres ramas,
fina le abraza   170
hiedra, de quien espera
púrpuras Francia.»

Duque (Aparte.)   (¡Ay de mí! ¡Valedme, cielos!)
Todo es zozobrar en ansias,
todo es naufragar incendios,
que Matilde los apaga
y Matilde los repite.

Eleonora (Aparte.)   (¡No sé que tristeza extraña
tiene el duque!) ¡Yo no sé
lo que en mí le desagrada!   180
¡Qué desdichada nací!

Arnaldo (Aparte.)   (Cuando Guillermo se casa,
¿tristes pasiones al rostro,
desde el corazón, traslada?
¡Válgame Dios! ¿Qué será?)

Laura	Chasco, ¿cómo no reparas la suspensión con que el duque desabrido asiste y calla?
Chasco	Todos lo están murmurando, cuantos están en la sala.

190

Laura	Y tú, ¿qué dices de aquello?
Chasco	Le habrá parecido chata la desposada, o quizá —con moño postizo— es calva.
Matilde (Aparte.)	(Ya he visto al duque en los ojos, que en mi loco amor se abrasa; si él no respeta su sangre, yo sí respeto mi fama.)
Carlos (Aparte.)	(¿Por qué estará triste el duque?)
Obispo (Aparte.)	(Bien penetro yo la causa

200

	de esta tristeza. ¡Terrible es el daño que amenaza!)
(Cantan.)	«Por eso al que laureles de amor alcanza, y al que en lo vegetable su unión retrata, prontas le cantan dulces epitalamios las consonancias.»
Carlos	En un día como el presente,

210

	¿tan pensativo y con tanta displicencia vuestra alteza?

16

¿Con caricias tan escasas
trata a su reciente esposa,
cuando es razón que le valgan
—para merecer su agrado—
los fueros de desposada?

Chasco (Aparte.)   (A esotra puerta.)

Carlos (Aparte.)   (¡Qué es esto!
¿Ni aun hablarme quiere?)

Duque   ¡El alma
se precipita y se ciega   220
en las luces soberanas
de sus ojos!

Carlos (Aparte.)   (¿Qué veo? ¡Penas!)

Matilde (Aparte.)   (De mí la vista no aparta.)

(Salen cuatro galanes y cuatro damas, y danzan en el teatro en tanto canta la música.)

Música   A las bodas felices de cuatro
amantes afectos,
con dobladas antorchas de tea,
¡ven, himeneo!
Y formando, de mirtos y rosas,
coronas a Venus,
a Cupido los triunfos se canten.   230
¡Ven, himeneo!

Chasco   Ahora nos seguimos yo
y tú, Laura.

Duque	¿Pues qué aguarda Carlos, que a danzar no sale con su esposa?
Obispo	¡Temeraria resolución es la de este príncipe!
Carlos	Si eso le agrada, Matilde, ya es fuerza hacer lo que su alteza nos manda.
Laura	¡Gracias a Dios que sonó 240 aqueste duque en estatua! Deseando estaba oírlo por conocer en el había si era gallo o basilisco.
Chasco	El Demonio es esta Laura.

(Salen a danzar Carlos y Matilde. Y, habiendo hecho las primeras mudanzas, se le cae a ella una liga, y el duque se levanta y la toma.)

Duque	Aguarda, bello prodigio de hermosura, que esta alhaja, por ser tuya, es acreedora a que, rendida y ufana, toda mi soberanía 250 se dedique a levantarla.
Carlos	¿Qué hacéis, señor? ¿No advertís que la majestad se ultraja? No hagáis tal, por vida vuestra,

que Matilde es vuestra esclava,
por ser mi esposa, y yo soy
quien debiera levantarla.
Y, así, dádmela.

Duque   Eso no,
que mi cortesía empeñada
está en tomarla, y es fuerza   260
—por ser de quien es— guardarla.

Obispo   No, señor, volved la cinta
a su dueño, que se agravia
la duquesa, mi señora,
que debe ser muy amada
por su hermosura, sus prendas
y el esplendor de su casa.
Ya es tiempo, señor, ya es tiempo,
que, con la nueva mudanza
de estado, os mudéis en todo.   270

Duque   ¡Vive Dios! Si no mirara
que ayo al fin me habéis criado,
que por la primer ventana
os hiciera ejercitar
las siempre, atrevidas alas
de vuestra loca soberbia.
¿No basta —decid— no basta
que no hay en mí acción alguna
que vos abonéis? ¿No es brava
y pesada esclavitud   280
que ninguna cosa trata
de diversión o de gusto
mi mocedad, como humana,
como libre, como dueño

que aquestos estados manda?
¿Que luego al pie de la obra
no esté tras la puerta, armada
de correcciones, que darme
vuestra hipocresía tirana?
Idos a la mano, obispo,   290
que es insufrible la carga
de vuestras impertinencias,
que a mi juventud enfadan.
Y, porque vean que desprecio
vuestra caduca arrogancia,
la cinta no he de volver.

(Échasela al cuello y siéntase.)

Obispo   Ruegos son de quien os ama,
                no preceptos, mis consejos.

Duque   No es sino temeraria
                autoridad que os tomáis;   300
                salid luego de esta sala,
                que aquí no os he menester.

Obispo   Pues yo a vos sí, que me aguarda
                un gran bien por vuestra mano.

Duque   Ninguno esperéis que os haga.

Carlos   Señor, tan santo prelado
                digno es de mayor templanza.

Duque   Y a vos, ¿quién os mete en eso?

Chasco   Esto es.

Eleonora	La piedad cristiana.
Duque	¿Qué, señora, también vos?
	Basta, que todos me cansan;
	mas yo me ahorraré de todos.
Obispo	¡Válgame Dios! ¡Y qué amarga
	se le hace la medicina
	a quien la dolencia grava!

(Vase.)

Carlos	Aquí es menester prudencia.
	Supuesto, señor, que os cansan
	todos, yo me quiero excluir
	de este número. Las plantas
	me dad, con vuestra licencia,
	que ya tengo la jornada
	dispuesta para este punto,
	que hago en mis estados falta,
	yen ello me va el sosiego.
Duque	¿Tan presto?
Carlos	Y aun creo que tarda.
Duque	Id en horabuena.
(Vase.)	Arnaldo,
	venid conmigo.
Eleonora	¡Hay más claras
	injurias! Desdichas mías,
	mucho que sufrir me aguarda.

310

320

(Vase.)

Arnaldo   Volved a vivir, deseos;   330
                 respirad, muerta esperanza,
                 que os está muy bien que el duque
                 de Leonora se desabra;
                 porque en mujer el desprecio
                 es la ofensa más tirana,
                 y quizá, lo que no el gusto,
                 vendrá a daros la venganza.

(Vanse todos, quedando solos Carlos y Matilde.)

Carlos (Aparte.) (Yo he quedado sin aliento.
                  Cielos, con mortales ansias,
                  en el mar de mis desdichas   340
                  mi celoso honor naufraga;
                  esperad, honrados sustos,
                  no me salgáis a la cara,
                  que en ella vuestros colores
                  menos encienden que manchan.)

Matilde   Mi bien, mi señor, mi esposo,
                 ¿qué es esto? ¿Qué tienes?

Carlos   Tanta
                 gloria, dulce esposa mía,
                 de ser tuyo, que, en la raya
                 del sufrimiento, no caben   350
                 ya mis amorosas ansias.
                 Dame los brazos.

Matilde   En ellos

el corazón se consagra.
¿Me quieres mucho?

Carlos
          Tan grande
es, esposa idolatrada,
el amor con que te adoro,
que aun no me cabe en el alma.
Y tú, soberano dueño,
¿qué tanto me amas?

Matilde
          Escasa
cualquiera ponderación,   360
de mi fino amor quedara.
Y solamente te digo
que te amo con fuerza tanta
y estimo tanto tu amor,
que si, necia o temeraria,
cualquiera soberanía
mancharle solicitara
(¿qué es mancharle?), vive Dios
que yo misma, de mis ansias,
hiciera un mortal veneno,   370
que la vida le quitara.
Y si el mismo duque fuera...
al duque Guillermo...

Carlos
          Basta,
adorada esposa mía.
¿Qué es lo que dices? ¿Qué hablas?

Matilde
Dicen bien. Me arrebató
no sé qué pasión tirana
el afecto. Digo, en fin,
Carlos, que tú eres el alma

de este pecho, y que yo soy,   380
más que tu esposa, tu esclava.

Carlos   Mi bien, entra a despedirte
de la duquesa y sus damas,
en tanto que con Godofre
de la partida se trata,
que quiero al punto salir
de la corte.

Matilde   Con el alma
voy a obedecerte.

(Vase.)

Carlos   Honor,
ya estamos solos, desata
sobre el caos del pensamiento   390
los raudales de tus ansias.
¡Sin mí estoy! ¡Válgame Dios!
Yo he visto señales claras
de que en Matilde, mi esposa,
todos los extremos pasan
de Guillermo. Mas, ¿qué es esto?
Mi imaginación se engaña.
¿A tal me persuado? —Sí,
que en otro yo lo dudara.
Mas de mi hermano conozco   400
la resolución extraña,
lo insolente del poder,
la tiranía desusada.
Es verdad, pero hasta ahora
ninguna cosa me agravia.
Pues, ¿me había de agraviar

que feroz no fulminara,
contra su traidora vida,
fieros incendios mi saña?
Pues, si todo está seguro,   410
¿qué me da cuidado? —Nada.
Pero, ¿no pudiera ser...?
¿Qué? —¿Que Matilde obligada
le correspondiera? Tente,
pensamiento, que me matas
con tan villanas sospechas.
Cuando la ofensa no es clara,
siempre en el marido corre,
por deuda, la confianza.
Pues, si aquesto es lo que debo   420
hacer yo, mueran mis ansias,
que no hay riesgo donde están
aquel honor y esta espada.

(Múdase el teatro en otra sala diferente, y salen el duque y Arnaldo.)

Duque   Llaméos, Arnaldo, porque en vos me ofrece
                    esta pasión —que en mí por puntos crece,
                    para el empeño de mi amor osado
                    el más capaz y belicoso soldado.

Arnaldo   Cada punto, señor, entro de nuevo
                    en más empeños del amor que os debo.

Duque   Os he de descubrir mi pecho todo,   430
                    porque admiréis, Arnaldo, de qué modo
                    el miserable corazón se entrega
                    a este incendio amoroso que me ciega,
                    y deis —teniendo mi dolor presente—
                    el remedio —si lo hay— a mi accidente.

	Ya habréis notado, Arnaldo, mi tristeza.
Arnaldo	Todos sentimos triste a vuestra alteza.
Duque	Que la produce amor habréis notado.
Arnaldo	Que es amor la ocasión he sospechado.
Duque	Mas no de quién. ¡Ay, Dios! ¡Quién, sin hablaros, 440 los más ocultos pensamientos, claros, sin la voz, os pusiera, y, sin decir mi mal, os lo dijera! Mas, ¿qué importa, qué importa? No es en el mundo la noticia corta, de los monstruos que amor, fiero, produce; abortos mil que al pecho le introduce.
Arnaldo	¿Qué puede ser, señor, que a mí me admire? Vuestra alteza prosiga, y no retire de mi noticia el apuntado informe, 450 que le oye un hombre, a su intención conforme.
Duque	Pues con eso alentado, podré deciros que el mortal cuidado, el ansioso desvelo y, de mis penas, el fogoso anhelo; del corazón doliente, el dolor impaciente, que al valor sobresale más pujante, que revienta pesares al semblante, que el discurso a la razón sofoca, 460 que vuelve los conceptos de la boca, todos son de Matilde y su hermosura efectos, que fomentan mi locura.

Matilde, Arnaldo, me atropella humilde;
mi altivo corazón pisa Matilde,
Matilde es la ocasión de mi tristeza.

Arnaldo

No lo extraño, mas mire vuestra alteza
que un imposible emprende.

Duque

¡Me abrasa el alma, el corazón me enciende!
Bien noto, bien alcanzo, bien advierto   470
de mi loca afición el desacierto.
Que soy cuñado de Matilde miro,
que de mi hermano al deshonor aspiro;
que al vínculo de sangre, más estrecho,
violar pretendo el natural derecho;
que al mundo escandalizo, licencioso;
que el encuentro con Carlos es forzoso,
que es preciso el disgusto de Eleonora,
que en más odios del vulgo entro ahora,
que mi estado aventuro en este exceso;   480
todo aquello es verdad, yo lo confieso.

(Eleonora al paño.)

Mas si el socorro de la propia vida
es natural acción tan conocida;
yo, que morir me siento,
de ese dulce de amor, veneno lento;
si en Matilde mi vida se asegura,
si no puedo vivir sin su hermosura,
ies razón natural —si bien se advierte
templar lo amargo de mi triste muerte!
Valedme, Arnaldo; socorredme, amigo,   490
que muero a manos del error que sigo.

Eleonora

¿Qué es lo que escucho? ¡Cielos!
Cayó mi amor en manos de mis celos.

Arnaldo	¡Notable empeño!
Duque	Si la fe os obliga, de vasallo y amigo, a que me siga valedor vuestro empeño en esta empresa.
Arnaldo	No necesita ruegos vuestra alteza. Tan de parte, señor, de su accidente ha escuchado mi amor su afecto ardiente, que solo aguardo que disponga el modo para servirle en todo.
Duque	Dadme, Arnaldo, los brazos; bien parece que tan raro valor los ennoblece.

(Danse los brazos.)

Arnaldo (Aparte.)	(Infeliz la esperanza, que por aquí subiere a la privanza.)
Duque	Pues, amigo, yo intento —si bien el medio juzgareis violento— robar el dueño que idolatro hermoso. Válgale a mi pasión lo poderoso.
Eleonora	¡Desdichada mil veces quien lo escucha! 510 Poco es mi amor, o mi paciencia es mucha.
Arnaldo	El cómo me proponga vuestra alteza.
Duque	De Carlos la entereza —apenas con Matilde desposado— se parte, Arnaldo (¡ay Dios!) para su estado, por importantes conveniencias —dice—,

	ocasión que ha de hacer mi amor felice;	
	pues, escogiendo de gallardos nombres	
	hasta quinientos hombres,	
	saltearéisle a Matilde en el camino	520

Eleonora

¿Quién, cielos, emprendió tal desatino?

Arnaldo

Vuestra alteza, señor, en cuanto piensa,
siempre hallará mi brazo en su defensa.

Duque

Todo, Arnaldo, de vos lo fío y lo creo.
Y el premio de esta acción, vuestro deseo
a su gusto lo mida,
que aun pasará de su mayor medida,
con envidia de propios y de extraños.

(Vase el duque.)

Arnaldo

Dios guarde a vuestra alteza muchos años.

(Sale la duquesa.)

Eleonora

Y a vos, Arnaldo, los cielos   530
para mi consuelo os guarden,
si es que puede haber consuelo
en quien desdichado nace.

Arnaldo (Aparte.)

(¡Qué oigo, cielos! ¡La duquesa
de este suerte llega a hablarme!
¿Qué puede ser?)

Eleonora

Hay sucesos
tan sutiles y especiales,
que los discurrió imposibles

quien no les vio semejante.

Arnaldo (Aparte.)   (¡Dichas! ¿Qué es eso? Si acaso   540
                     quiere Leonor acordarse
                     de mi amor, ¡oh! ¡Qué feliz
                     fuera yo si tal lograse!)

Eleonora   Y, así, no os extrañéis que yo
                     haga, en la ocasión, alarde
                     del amor que os tuve un tiempo;
                     porque, aunque debo olvidarle,
                     me le trae a la memoria
                     el tropel de mis pesares.

Arnaldo (Aparte.)   (Sin duda es lo que imagino.)   550

Eleonora   Que el ser honesto y ser antes
                     de conocer a Guillermo,
                     disculpa mis vanidades.
                     ¡Oh! ¡Cuántas veces la aurora
                     os hallaba a mis umbrales,
                     conquistando con suspiros
                     de mi desdén los baluartes!
                     De cuyas quejas mi amor
                     tanto llegó a lastimarse,
                     que ya hubo vez que escribió,   560
                     con caracteres de sangre,
                     en el papel de mi rostro
                     la firma de sus piedades.

Arnaldo (Aparte.)   (¡Vive Dios, que la duquesa
                     se declara! ¿Hay semejante
                     ventura?)

Eleonora	También sabéis
	que, en quien caballero nace,
	no acaba la obligación,
	aunque la esperanza acabe.
	Acabó la vuestra cuando 570
	me entregó el conde, mi padre,
	al duque Guillermo, a quien
	idolatro con tan grandes
	veras de amor, que querer
	ponderároslas no es fácil.
Arnaldo (Aparte.)	(¡Qué escucho, cielos! Volvieron
	mis esperanzas al aire.)
Eleonora	Que, aunque él es ingrato —como
	he sabido en este instante—,
	no por esto ha de dejar 580
	el corazón de adorarle,
	que es mi esposo, y esto debe
	hacer la mujer que sabe:
	que, en venganzas de marido,
	hace menos quien más hace.
	Yo, en fin, acabo de oír
	(¡ah, cielos, con qué pesares!)
	que el duque os manda poner
	en ejecución el grave,
	horrible, cruel, indecente 590
	robo de Matilde. (¡Dadme
	cielos santos, para tal
	dolor, corazón bastante!)
	Aquesto precisamente
	lo he de sentir yo; mi ultraje
	es consecuencia infalible
	de suceso semejante.

Por lo que os pido, rendida,
sola, pobre, miserable,
triste, afligida, celosa,   600
sin que haya uno de mi parte,
siendo mis males tan crueles,
que se duela de mis males;
que no hagáis tales disgustos,
que no deis tales pesares
a estos tristes ojos que
un tiempo, Arnaldo, adorasteis.

(Llora.)   Y, por último, sabiendo
que se arriesga en este lance
mi vida, haced, como noble,   610
lo que la sangre os dictare.

(Vase.)

Arnaldo   A quien estrecharon, cielos,
—entre amor y honor— iguales
empeños, ¿tan grandes fuerzas
y obligaciones tan grandes?
El duque Guillermo (¡ay, Dios!)
me manda por una parte
—y aun me lo ruega, que ésta es
fuerza de un señor más grave—,
que empeñe todo el valor   620
y la lealtad en robarle
a su hermano la mujer;
y aunque ésta es acción infame,
para que el honor la dore
solo basta que él lo mande.
La duquesa... (¡oh! ¡Cómo temo
que esta memoria me mate!),
con lágrimas de sus ojos

32

(mejor dijera raudales
de perlas, que Febo envidia   630
para conquistar a Dafne)
me pide que no le dé
este disgusto, y añade
la obligación en que vivo
de servirla en casos tales.
Si obedezco al duque, ofendo
a la hermosura de un ángel;
si no lo hago, soy traidor;
si aviso a Carlos, cobarde;
si finjo un achaque, miento;   640
si me descuido, soy fácil.
¡No sé, cielos, qué he de hacer
en tan apretado lance!
¿Qué he de hacer? —No dar disgusto
a los ojos celestiales
de Leonor, que el corazón
me atraviesan sus pesares.
Mas, ¡qué digo! ¿Estoy en mí?
Afuera, pasión cobarde,
que primero es el respeto   650
del duque, aunque más me llamen
persuasiones de piadoso
y obligaciones de amante.

(Sale Chasco.)

Chasco   Asistir me manda el duque
                contigo, y que te acompañe,
                para no sé qué facción.

Arnaldo   ¡Pluguiera a los cielos que, antes
                que yo sus desastres viera,

me mataran sus desastres!
Lo que nos manda su alteza   660
es que vamos a robarle
a su hermano la mujer.

Chasco   ¡Jesús, qué exceso tan grande!
No lo digas.

Arnaldo   Como lo oyes,
lo ha mandado en este instante.

Chasco   Hasta el infierno, no tiran
rienda sus temeridades.

Arnaldo   Si bien que aqueste suceso,
de manera ha de ocultarse
de la duquesa, que nunca   670
llegue de él a cerciorarse.
Que, supuesto que aquí el duque
palabra acaba de darme
de que el premio de esta empresa
será lo que yo gustare,
solo el que ella no lo sepa
me empeñaré a suplicarle,
que no ha de haber atrevido
que el suceso le declare.
Y, para que del actor   680
quede Carlos ignorante,
embozados llegaremos
los que hemos de ir a robarle.

Chasco   Según eso, ¿determinas
hacer ese disparate?

Arnaldo	Pues, ¿no es fuerza obedecer,
	con las obras más puntuales,
	un vasallo a su señor?

Chasco	Como de esos sacristanes
	hay en este triste mundo,	690
	que no obedecen los reales
	preceptos, ni aun en lo justo,
	¿cuánto más en casos tales?

| Arnaldo | Ni noble ni caballero |
| | será el que así se portare. |

| Chasco | ¿Y si es un error como éste? |

Arnaldo	No me toca disputarle
	la justicia a mi señor.
	Yo, es preciso que le guarde
	lealtad, y que le obedezca.	700

| Chasco | ¿Y lo demás? |

| Arnaldo | Él lo sabe. |

(Vase.)

Chasco	¡Gran doctrina! Lo cierto es
	que es bobera condenarse
	por el duque. No haré yo eso
	ni por él ni por mi padre.

(Sale Laura.)

| Laura | ¡Hola, Chasco! |

Chasco	¿Quién me nombra?
Laura	Una mujer, no te espantes, que siempre la mujer anda tras el chasco.
Chasco	¿Qué me traes? 710
Laura	Una deuda contra ti, y vengo a que me la pagues.
Chasco	Pues, en Dios y en mi conciencia, que si no es el murmurarte, no te debo yo otra cosa.
Laura	Ya esa deuda la pagaste. Nada en eso nos debemos. Has de saber que esta tarde —como vi los casamientos— pensé yo también casarme. 720
Chasco	¿Pues has de creer que yo no?
Laura	Y, mirando tu donaire, hago en ti elección de esposo.
Chasco	Pues, hija mía, muy mal haces, porque yo no trato de eso, que el buey solo... ya lo sabes.
Laura	¿Es posible que no quieres conmigo, Chasco, casarte?

Chasco	No quiero, señor, no quiero.	
Laura	Pues no hay para qué enojarse.	730
Chasco	¿Cómo has de ser mi mujer?	
	¿No sabes, Laura, no sabes,	
	que desciendo de Adán yo,	
	y que me parió mi madre?	
	¿Qué? ¿No es más de nos queremos,	
	daca la mano y casarse?	
	Hay mucho que ver en eso.	
	¿Sabes tú quién fue mi padre?	
	—No. Pues, si quieres saberlo,	
	fue caballero en romance,	740
	y soy legítimo nieto	
	de todos los doce pares.	
	¿Cómo habías de merecerme	
	tú? Ni para descalzarme.	
Laura	¿Quieres ver esa entereza	
	por los suelos?	
Chasco	No es muy fácil.	
Laura	Pues mira, este bolsillo es	
	para el que me enamorare.	

(Muéstrale un bolsillo.)

Chasco	¡Ay, mi Laura, mi laureola!	
	Dame, dame, dame, dame	750
	el bolsillo, que tras él	
	los ojos se... se me salen,	
	y te... quiero... te adoro.	

Laura	¡Oh, bellaco interesable! No pienses que has de cogerlo.
Chasco	Te haré doscientos romances, llenos de piedras preciosas, y, hasta que se hagan canales estos ojos, lloraré solo por enamorarte, 760 hasta quinientos millones de perlas y de corales. Velaré cuarenta noches.
Laura (Dáselo.)	Tómalo, porque te calles, simple, que ya no se pueden sufrir tantos disparates, pero va con condición de que siempre has de llamarme «adorado dueño».
Chasco (Aparte.)	Así lo cantaré por las calles 770 adorado dueño mío; (digo, mientras me durare).
Laura	¡Ea, pues! Cuidado conmigo, Chasco.
Chasco	¿Quieres que me ensaye a decirlo? Pues atiende.
Laura	Ya estoy mirando lo que haces.

Chasco	Ponte muy severa y, luego,
	has cuenta que llega el lance
	de irnos los dos, y que yo,
	muy fruncido, serio y grave,	780
	con la mano en la muñeca
	y el sombrero en cualquier parte,
	voy diciendo «adiós mi dueño
	adorado».

Chasco   Ponte muy severa y, luego,
has cuenta que llega el lance
de irnos los dos, y que yo,
muy fruncido, serio y grave,   780
con la mano en la muñeca
y el sombrero en cualquier parte,
voy diciendo «adiós mi dueño
adorado».

Laura   Adiós, salvaje.

(Vanse, haciéndose grandes reverencias. Múdase el teatro en monte, y salen de camino, a la francesa, Carlos, Matilde y Godofre.)

Carlos   Aquí, Matilde, podemos,
a la sombra de este prado,
de la fiesta que ha empezado,
templar ardientes extremos;
atrás la gente dejemos,
mientras tu rostro a las flores   790
les da lección de colores;
y yo el parabién a mí,
de que a mis dichas uní
tus soberanos fulgores.

Matilde   Carlos, esposo, señor,
aunque de amor los efectos
fueran para mí secretos,
centellea, mi bien, tu amor,
tanto, que, a solo su ardor,
mi tierno amor encendido   800
pudiera estar muy lucido.
Pues estás tan adelante,
que me celebras amante

y me galanteas marido.
Conozco la obligación,
y, aunque es tan grande el exceso,
que está pagada confieso
dentro de mi misma acción.
Pues, como en la fiel unión
que nuestras almas enlaza,   810
de un mismo ser corren plaza
nuestra vida y nuestro ardor,
vine a pagarte tu amor,
el mismo amor que te abrasa.

Godofre   Venga Guillermo a aprehender,
de vuestro fervor amante,
una centella bastante,
para enseñarse a querer;
que deslustra amor su ser,
si le falta lo rendido.   820
Y cuando está lo marido,
sin la parte de galán,
siempre allí llorando están
lo quejoso y lo ofendido.

Carlos   Pues vuestra advertencia crea
que hace milagros el trato,
y si, con Leonor ingrato,
el duque en su amor se emplea,
todo el tiempo lo rodea,
de suerte que puede ser   830
que el extremo de querer
gane lauros de fineza,
que a veces amor empieza
de riesgos de aborrecer.

Matilde (Aparte.)   (Ya sé que el duque me adora,
                    ya vi que, con fe liviana,
                    por quererme se desgana
                    en el amor de Eleonora.
                    De las tibiezas que llora
                    es infeliz fundamento,   840
                    es ciego deslumbramiento;
                    pues, cuando a Carlos no amara,
                    ni aun pensamientos hallara
                    para un error tan violento.)

(Salen Arnaldo, Chasco y algunos soldados, con mascarillas y las espadas desnudas.)

Arnaldo   Nadie se mueva; tened,
                    tened el acero inmóvil,
                    que mal podéis resistirnos,
                    pues somos quinientos hombres.

Carlos   Traidores, aunque seáis mil
                    (que bien os llamo traidores,   850
                    pues quien esconde la cara
                    no emprende sino traiciones),
                    ¿qué es lo que queréis?

(Llegan dos de ellos y cogen a Matilde.)

El primero   Aquesto.

Matilde   Acude, esposo, socorre
                    esta miserable vida.

El segundo   Calle, mujer, no des voces.

(Llévanla.)

Carlos

¡Oh, vil fementida gente!
¡Oh, crueles salteadores
de mi vida y de mi honor!
A ellos fuerte, Godofre.

Arnaldo

Teneos, que no pretenden
vuestra muerte nuestros golpes.

Chasco

Téngase, no los matemos,
que somos medios doctores.

Carlos

Esperad; no con la vida
me dejéis, que es muerte doble.

(Éntranse riñendo todos, quedando Chasco solo.)

Chasco

Guarda, no me descalabren
y me dejen los ladrones
en el monte, a que de mí
den cuenta buitres y azores,   870
que no será el primer asno
que sus mercedes se comen.
Mejor será que me escape,
y que por dentro del monte
les vaya a salir al paso,
que, aunque son quinientos hombres
los que vienen de mi parte,
como aquestos son traidores,
debiera temer lo mismo
si fueran cinco millones.   880

(Vase por otra parte, y vuelven Carlos y Godofre, con las espadas desnudas.)

Godofre	No pudimos resistirles
	el insulto. Ya se acogen
	con la hermosa presa.

Carlos	¡Ay, cielos!
	¿A quién, de todos los hombres,
	tal desgracia ha sucedido?
	¿Una ignominia tan torpe?
	¿Un vituperio tan grave?
	¿Yo soy Carlos? ¿Yo soy noble?
	¿Yo tengo sangre de tantos
	ilustres progenitores?	890
	No soy, no soy sino un monstruo
	de infamia. Un mármol, un bronce;
	sin sentimientos, sin vida,
	sin discurso, sin acciones,
	sin honra, sin libertad,
	sin estimación, sin nombre,
	pues pasé por el ultraje
	de que a mi esposa me roben.
	Y, con los dientes, las uñas,
	con los ímpetus mayores	900
	de mis más valientes iras,
	con los más ardientes choques
	de mi furioso despecho,
	de mi desatino indócil,
	no deshice, no molí,
	no volví ceniza informe
	a aquella villana tropa
	y cuantas vidas el orbe
	sustenta, para veneno
	que el precioso honor corrompe.	910
	¡Oh, pesia al cobarde brazo!

43

¡Oh, pesia al inútil corte
de tan vil acero! Pues
rayos no vibró, que entonces
mil pedazos los hiciera.

(Dase una bofetada.) ¡Y pesia a mí, porque toqué
con las manos tal deshonra!
¡Y que a vivir me acomode!
¿Es posible que nací
con los heroicos blasones   920
de los duques de Aquitania?
¡Ni aun merezco de hombre el nombre!
No soy sino vil mujer,
y quien es mujer, que tome
una rueca y no la espada,
que mandar no sabe innoble.
Vete allá, cobarde acero,

(Arrójalo.) pues diste tan flacos golpes,
que reparar no pudiste
un agravio tan enorme.   930
Valedme, cielos piadosos,
pues con penas tan atroces,
con dolores tan ciegos,
con sentimientos tan dobles,
con ahogos tan ansiosos,
con tormentos tan feroces,
ya no puedo, ya no puedo;
no soy peña, no soy roble,
para poder resistir
tanto tropel de rigores   940
que contra mí descargáis
tan a plomo y tan sin golpe.
Parece que, de la unión
de vuestros eternos goznes,
os dejáis caer sobre mí,

infelice, triste y pobre,
según queréis que me oprima,
según queréis que me abrome
este peso de mi infamia,
de mi afrenta aqueste golpe.   950
Mas, si os doléis de mis ansias,
jugad el severo estoque
contra la malicia humana,
y asistidme, vengadores,
de la perfidia del duque.
Rayos vuestras iras forjen,
que átomos disuelvan viles,
que menudos trozos formen
al tirano de mi honra,
al nuevo feroz Tifonte,   960
que hace al cielo, de mi honor,
guerra de lascivia torpe.
Y, si no, trocad las manos,
si castigo más conforme
le buscáis a su delito.
Dadle al traidor, que le ahogue,
este celoso veneno,
que las entrañas me rompe,
y flechadme a mí los rayos,
para que muera de un bote,   970
y no de tantos que, al alma,
dan mis terribles pasiones.
Ya, Carlos, miráis postrados
los heroicos pundonores
de vuestro honor generoso.
¿Qué remedio habrá que importe?
¿Qué remedio? ¿Qué remedio?
Morir. Morir, que es conforme
al lustre de un hombre honrado

y al valor de sus mayores. 980
Menos será que sufrir
los duros, mordaces motes
del empacho de mi afrenta,
cuyas vergonzosas flores
son el eco de mi agravio,
que da en el semblante, donde
revientan de mi pasión
las fuentes que dentro corren.
(Como que llora.) Tirano, duque Guillermo,
hermano cruel, ¿qué bronce 990
dio materia a tus entrañas?
¿Qué trogloditas feroces
bárbara sangre te dieron,
para que tú mismo postres
el blasón de honor que habías
de contar en tus blasones?
¿Qué te hizo mi inocencia,
para que, traidor, me robes
de los brazos a mi esposa,
a cuyos vivientes soles 1000
águila bebía mi aliento,
amantes respiraciones?
No hace más con la cordera
que robó, de su consorte,
salteador león hambriento,
que es tirano de los bosques,
y bandido del ganado;
o, con la paloma dócil,
rapaz milano, que al aire,
corsario de pluma, corre. 1010
Hace por matar congojas.
Hartas diligencias pone,
de su parte, mi dolor.

Mas, si clavado el estoque
de esta angustia he de vivir,
mejor es —porque lo ignore—
esconder mi triste vida
entre impenetrables montes,
para que jamás el mundo
a Carlos sin honra nombre.   1020
¡Ay, honradas pasiones,
que sin manos rendís, matáis sin golpe!

Godofre   Bueno está, Carlos, ya basta.
Los hombres de vuestro porte
no se vengan con gemidos,
con sentimientos y voces,
sino con el noble acero,
con los medios que proponen
—de una prudente venganza—
atentas resoluciones.   1030
Vasallos tenéis que os sirvan,
estados regís que os formen,
ejércitos cuyas armas
el perdido honor os cobren,
y en mí tenéis un amigo
que os sirva en cuanto os importe,
con la vida y con su acero.
Tomad el vuestro y blasone
—vengativo a vuestro lado—
los usados pundonores.   1040

(Álzalo y dáselo.)

Carlos   Solo, honor del lirio franco,
solo, valiente Godofre,
algo templarme pudieran

47

vuestras prudentes razones.
Ya me ajusto a los remedios
que vuestra advertencia escoge,
que ya mi reparo mira
y mi venganza dispone.
Ya, por vos, a su lugar
el acero se retorne,   1050
glorioso un tiempo en el Asia,
contra los turcos pendones.

(Quítase el sombrero, hinca la rodilla y besa la cruz de la espada.)

Mas antes que, de la vaina,
cubra los negros fulgores,
juro por aquesta cruz,
que le guarnece y compone,
de no desceñirlo nunca,
hasta que feroz destroce
el tirano estado y vida,
aunque la sangre perdone.   1060
Aquí os deposito espada,
por seguro fiel, que obre
el honroso desempeño
de vuestros pretextos nobles.
Ansias, esperaos un poco;
sufrid un poco, dolores,
que yo haré que el desengaño
o la muerte os desahogue.
¡Ay, honradas pasiones,
que sin manos rendís, matáis sin golpe!   1070

Fin de la primera jornada

Jornada segunda

(El teatro es el salón segundo, y salen Eleonora y Chasco.)

Chasco   Laura me dijo, señora,
                       que vuestra alteza me llama.

Eleonora   Chasco, quien con celos ama,
                       no tiene sosiego una hora.
                       Desde aquel infausto día,
                       que fue Guillermo mi esposo
                       mal hallado y sin reposo,
                       desprecia mi compañía.
                       Mira como quien no ha visto,
                       habla como que se ofende;   10
                       si le halago, se suspende,
                       se retira si le asisto,
                       y he llegado a suponer,
                       por algo que he sospechado,
                       que —como del duque lado—
                       Arnaldo lo ha de saber.
                       Tú, del secreto y el pecho
                       de Arnaldo tienes las llaves:
                       dime lo que en esto sabes,
                       que de tu medra y provecho,   20
                       Chasco, verás si me encargo.

Chasco   Vuestra alteza está engañada.
                       Yo, señora, no sé nada,
                       y oiga un cuento no muy largo.

Eleonora   Así, averiguar intento
                       lo que sospechando estoy.
                       Prosigue, pues.

Chasco	Allá voy.
	Atención, que va de cuento.
	Un reloj de Sol un día
	mostró un galán a una dama, 30
	que, aunque en su amorosa llama
	fino al parecer ardía
	—siempre en promesas prolijo
	y nunca en dar liberal—
	erraba el punto esencial.
	Tomólo la dama y dijo:
	«Curioso el reloj está,
	mas un defecto padece.»
	Dijo el galán: «¿Cuál es ése?»
	—«Que señala, mas no da», 40
	le respondió la señora.
	Aplique, pues, vuestra alteza,
	si esto saber interesa.
	La de presente y la de ahora
	es la dádiva mejor,
	que la llave del secreto
	de oro la alcanzó un discreto.

Eleonora   Pues, por vida de Leonor,
                  que he de ver si así te obligo:
                  allá van esos escudos.   50

(Dale un bolsillo.)

Chasco (Aparte.) (Con ellos no hay hombres mudos,
                  todo el suceso le digo.
                  Mas no que es cosa pesada.)
                  ¿Será bien dicho, señora,
                  que el duque a Matilde adora?

No sé nada. No sé nada.

(Hace que se va y vuelve.)

Eleonora	¿Qué dices?
Chasco	¿Siendo mujer legítima de su hermano? Dios me tenga de su mano, que ya me iba a descoser.

60

Eleonora	¡Oh, riguroso destino!
Chasco	¿Y será bien publicar cómo Arnaldo fue a robar a Matilde en el camino, y en palacio está encerrada?
Eleonora	¿Aquí en palacio?
Chasco	No sé.
Eleonora	¿Arnaldo a robarla fue?
Chasco	No sé nada. No sé nada.

(Vase.)

Eleonora	¡Válgame Dios! ¿Que del duque en la condición sangrienta contra su inocente esposa tan fatal destino quepa? ¿Que así el odio de mi vida solicite su fiereza?

70

¿Que hallen lugar en su pecho
resoluciones tan ciegas,
agravios tan declarados?
¿Quién hiciera, quién hiciera
tanta injuria a tanto amor,
a tanta fe tanta ofensa?   80
Porque le quiero me mata,
porque le adoro me afrenta.
Pues salgan del pecho, salgan,
no se detengan mis quejas.
Sepa el conde de Tolosa,
mi padre, y el mundo sepa
su ingratitud y mi agravio,
su rigor y mi inocencia.
Iré a escribirle y decirle
que, si a una fiera me entrega,   90
que mucho que entre sus garras
me despedace una fiera.
Pero no, que, la mujer
a quien noble sangre alienta,
no tiene contra el marido
más armas que la paciencia.

(Pónese el paño en los ojos, y sale Arnaldo como acechando.)

Arnaldo (Aparte.)   (¡Válgame el cielo! ¡Qué miro!
                      ¡Llorando está la duquesa!
                      Si acaso ha sabido ya
                      que está Matilde encubierta   100
                      aquí en palacio, ¡ay de mí!
                      Pero ya de llorar deja
                      y me mira.) ¿Pues, señora?
                      ¿Tan liberal y tan bella,
                      enterneciendo las flores

vierte la aurora sus perlas?

Eleonora   Lloro, Arnaldo, sin razones
de un cruel esposo: que apenas
estrena el alma consorte,
cuando enemigo le estrena.   110
Y lloro, Arnaldo, también,
que, a título de obediencia,
lisonjeros cautelosos
concurran a mis ofensas,
haciendo tan torpe robo,
sin que para esto valieran
tantas súplicas que hice
en mis lágrimas envueltas.

Arnaldo (Aparte.)   (¡Todo lo sabe, por Dios!
Mas válgame una cautela.)   120
Es verdad, señora mía,
que yo robé la belleza
de Matilde, pero aquesto
lo tuve por conveniencia
de mi amor, que, en las cenizas
de aquella llama encubierta
—a pesar del tiempo— vive
encendida brasa eterna.
Porque, divertido el duque
con otra dama, tuviera   130
lugar de decir...

Eleonora   Callad,
que os haré sacar la lengua
si proseguís. Atrevido,
¿quién os dio tanta licencia?
Nunca negaros podré

que miré —cuando doncella—
vuestro galanteo con gusto,
como diversión honesta.
Mas ahora ya estoy casada
con Guillermo, y es vileza   140
que pasen vuestras memorias
por junto de sus ofensas.
Y al que —atrevido, ignorante—
con la mente, con la idea
osare ofender al duque
—aunque a mí el duque me ofenda—
a los pies le haré pasar,
de los hombros, la cabeza.

(Vase.)

Arnaldo   ¡Qué he escuchado! ¡Viva estatua
                 soy de hielo, en quien alientan   150
                 solo sentimientos vivos
                 de mis esperanzas muertas!
                 ¡Ay, Leonor! Si enamorado
                 hasta aquí de tu belleza
                 he vivido, desde hoy más
                 lo viviré de tus prendas.
                 Que el mismo a quien no le agrada
                 una heroica resistencia
                 es el que la estima más;
                 así como la fineza   160
                 más buscada y más querida
                 de la mujer que es ajena
                 quien la halla más puntual es
                 quien primero la desprecia.
                 ¡Y que no te adore el duque!
                 ¡Que no atine, que no advierta

los admirables tesoros
que en tus virtudes se encierran!
¡Que te desprecie, ignorante,
y que, atrevido, te ofenda!   170
Mas qué importa si tú misma,
constante, leal y discreta,
con las glorias que les das
a tus virtudes, te premias.
Gózate por muchos años
con ellas, aunque yo pierda
la vida con la esperanza,
que, porque este lauro tengas,
me la quitará el dolor
primero que tu sentencia.   180
Y tú, pensamiento amante,
recoge las nobles velas,
que, en el mar de tu ambición,
infelizmente te aniegas.

(Vase, y se muda el teatro en jardín. Cantan y sale Matilde. Cantan.)

Llora una zagala,
mísera y cautiva,
de su bien ausente
la fiera desdicha,
repitiendo, cuando
las prisiones pisa: 190
detén, fortuna, el golpe de tus iras,
que aun tu rigor es menos que mi ruina.

Matilde   Penas, que tan sin razón
pusisteis mi vida en calma
y me apartasteis el alma
de mi triste corazón,

decidme ¿con qué intención
a ofenderme os atrevéis?
¿No veis, tiranas, no veis
que está mi vida perdida?   200
Pues, si ya no tengo vida,
¿dónde, penas, me ofendéis?
Mas ya advierto que es ocioso
preguntaros esto, cuando
veo que me estáis lastimando
en la vida de mi esposo.
Y aunque sentir es forzoso
—por mí— tormento tan cruel
a vista de su amor fiel,
siento tormento mayor   210
—que es más cruel vuestro rigor—
cuando lo siento por él.
Si bien en mal tan impío
doble padecer arguyo
(que no deja de ser suyo
este dolor, por ser mío),
y, así, en tanto desvarío.
con llorar este pesar
el mar pretendo agotar,
llorad, ojos, sus enojos.   220
Mas, ¡ay de mí, tristes ojos,
que nada hacéis con llorar!
Aunque me tiene consigo
ese duque, ese tirano,
que, con nombre de mi hermano,
se acredita mi enemigo,
antes a morir me obligo
del mal que estoy padeciendo
—mi noble honor defendiendo—
que suya me llame, estando   230

a mi esposo idolatrando
continuamente y diciendo:
detén, fortuna, el golpe de tus iras,
que aun tu rigor es menos que mi ruina.

(Sale el duque.)

Duque   No parece, hermosa ingrata,
cuerpo de mi fantasía,
sino que, por ti, fingía
la música esa coplilla
que ahora acaban de cantar,
y parece que decía: 240
llora una zagala,
mísera y cautiva,
de su bien ausente
la fiera desdicha,
repitiendo, cuando
las prisiones pisa:
detén, fortuna, el golpe de tus iras,
que aun tu rigor es menos que mi ruina.
Deja el llanto, que ya no es
de tu pecho valentía   250
esa terrible extrañeza
(rémora, sí, de mis dichas),
y sufrir más tu recato
—que se devana y que se enrisca
tanto conmigo— ya pide
que mi valor me lo riña.

(Hablan entre sí, y sale Eleonora al paño.)

Eleonora   A esta retirada cuadra
me conducen mis desdichas,

porque no halla el corazón
más alivio que sentirlas,   260
cuando mis pasos suspenden
unos músicos, que habitan
—de la diosa de las flores—
aquesa estación vecina,
atendiendo a que sus voces,
con mis afectos, decían:
detén, fortuna, el golpe de tus iras,
que aun tu rigor es menos que mi ruina.
Mas, ¿qué es lo que he visto? ¡Cielos!
Con Matilde allí se mira   270
el duque. ¡Ay, Dios! ¿Para cuándo
guarda mi dolor la vida?
Desde aquí quiero escucharle,
porque llegue más aprisa
la muerte, y sea su rigor
consuelo de mis fatigas.

Duque   El libre rigor enmienda
(que ya se asesta, ya inclina
tu libertad a desprecio,
tu desprecio a tiranía)   280
y una firme voluntad,
muchas veces rebatida,
se exaspera al sufrimiento
y, a despecho, amor se irrita.

Matilde   Extiende, tirano, extiende
toda la soberanía
de tu poder riguroso
contra mi lealtad cautiva;
que, aunque más cruel me amagues,
todo el rigor de tus iras,   290

todos tus arrojos restes,
toda tu potencia esgrimas.
Siempre imposible victoria
de tus amantes caricias
me espero atender —tan noble—,
me pienso asistir —tan mía—,
que nunca tuya me llames,
aun cuando aclames conquista
de tu fuerza a mi deshonra.
Pues bien puede ser que rindas   300
el cuerpo, mas no del alma
la constancia siempre invicta.

Duque   ¡Oh, pesia tanto melindre!
Pues es, ¡por Dios!, muy sufrida
mi condición para aquesto.
Aunque tú más te resistas,
yo he de poder lo que puedo.

Matilde   Yo he de valer por mí misma.

Duque   Yo he de coger sin pedir.

Matilde   ¡Ay, Carlos del alma mía!   310
¡Ay, esposo!, ¿dónde estás
que tus desdichas no miras?

Duque   Dame, Matilde, una mano.

(Toma el duque la mano a Matilde, y la suelta en viendo a la duquesa que sale.)

Eleonora   Aquí está, señor, la mía,
que es vuestra, y podéis gozar

lo que por vuestro destina
el cielo con más decencia,
y no que, rogando, indigna
tengáis así desairada
vuestra autoridad altiva.   320
Dejad ajenos empleos.
Esposa tenéis, que os sirva
con más decentes caricias.

Duque   ¡Furia infernal! ¡Oh, mujer!
             ¡Basilisco de mi vida!
             ¿De dónde saliste ahora,
             a ser infeliz arpía,
             que los gustos me baraje?
             ¿No sabes que en ascuas vivas
             estoy puesto, mientras dura   330
             tu odiosa presencia y vista?
             Vete, villana, no esperes
             que en ti mi espada se tiña.

Eleonora   No siento, señor, no siento
             que con injurias, tan hijas
             de vuestro ciego despeño,
             con palabras tan indignas
             de quien esposa os venera,
             me atropellen vuestras iras;
             como que a mis propios ojos,   340
             como que a mi vista misma
             tratéis ofensas que hacéis
             a la fe —de esposo— limpia,
             a la ley —de deudo y sangre—
             y al amor que en mí os estima.
             Y, pues es así, que es tanta
             la pasión que os precipita,

deudos y padres me quedan,
con quien más gustosa viva;
remitidme, pues, a ellos   350
y descargaos de una vida
que tan indigna os disgusta,
que tan odiosa os irrita.
Quitad de vuestra presencia
una voluntad tan fina,
que, con lo que adora, ofende,
y agravia con lo que estima.
Muera mil veces Leonora,
porque vuestro gusto viva.
Que, como vos lo tengáis   360
—esposo del alma mía—
más que yo... inútil, celosa,
triste, infeliz, afligida
aqueje, padezca, extrañe,
sienta, pene, llore y gima.
Allí viviré constante,
si es que es posible que viva
quien tiene la vida en vos
y se ausenta de su vida.
Allí, con lágrimas tristes,   370
con quejas de amor prolijas,
sentiré ofensas y agravios;
no porque en mis ansias vivas
suene jamás vuestra injuria,
como vos sonáis las mías.

Duque   Pues no ha de ser, ¡vive Dios!,
                 tan ajustada caricia
                 de tu ruego aquese gusto,
                 sino que en la llama impía
                 de tus celos abrasada,   380

quiero que a tu ofensa asistas.
¡Ah, de mi guarda! ¡Hola, Arnaldo!

(Sale Arnaldo.)

Arnaldo   ¿Qué me manda en que le sirva
vuestra alteza?

Duque   Poned luego
en prisión a esa enemiga.

Arnaldo   ¿A la duquesa, señor?

Duque   Pena de mirar perdida
mi gracia, Arnaldo, os lo mando.

Arnaldo   ¡Ay! Más atroz tiranía.
¡Tras un agravio, hacer otro   390
a la hermosura ofendida
de un ángel, una inocente!
Perdonad, señora mía,
que el duque os manda poner
en prisión. Mi amor os diga
lo que siento ser ministro
de tan tirana injusticia.

Eleonora   No os toca, Arnaldo, culparle,
solo servirle os obliga;
yo merezco sus rigores,   400
vamos a llorar desdichas.

(Llévala Arnaldo, y sale un paje.)

Paje   El obispo de Pictavia

a vuestra alteza suplica
que le dé, para entrar, licencia.

Duque   ¡Qué a buen tiempo es su venida!
Di que llegue, ¡vive Dios!,
que cuantas flechas me tira
la rabia de mis disgustos,
mis violencias vengativas
han de desquitar con él.   410
Y tú, entre tanto, homicida
de mi sosiego, al secreto
de esa cuadra te retira.

Matilde   ¡Ah, tirano! Plegue a Dios
que esta miserable vida
acabe con tus intentos,
primero que lo consigas.

(Vase y sale el obispo.)

Obispo   Mucho, gran señor, deseaba
hablar con vos estos días.

Duque   Y yo, no menos que vos,   420
codiciaba aquestas vistas,
para que, viendo mi espada
en vuestra sangre teñida,
escarmienten de ofenderme
cuantas me sirven provincias.
Decid, villano, decid,
vos, con tan loca perfidia,
¿me comprometéis el poder?
¿Leyes ponéis a mi vida,
desprecias mi autoridad   430

y solicitas mi ruina?
¿Y es vuestro arrojo, de suerte
que vuestra lengua atrevida
—entre la ignorante plebe—
excomulgado publica
el gran duque de Aquitania,
cuya potencia es temida,
del más confinante pueblo
hasta el más remoto escita?
¿Por qué decías —que es insulto   440
y bárbara tiranía—
que yo a mi hermano le quité
la propia mujer, y viva
adúltero e incestuoso
en mis amantes caricias?
¿Así se trata el honor
a un príncipe? ¿Así se estima?
A su señor, ¿un vasallo
así le censura y fisga?
¿Vos conmigo? ¿Vos a mí?   450
¿Una miserable hormiga,
con una águila real
aventura sus alillas?
Pues, ¡vive Dios!, insolente,
que he de rematar cenizas
vuestros atrevidos vuelos
y estas canas fementidas

(Tómalo por los cabellos, derríbalo en el suelo y pónele el pie encima.)

atropelladas de mí,
han de pagarme osadías
tan indignas de sufrirle.   460

64

Obispo	Perded, señor, la mohína
	y tratad con más decoro
	la dignidad pontificia;
	aunque, como veis, está
	en persona tan indigna.

Duque	Así, de quién soy y sois,
	os enseñaré noticias.
	Venga el pueblo de Pictavia,
	y, al que por santo publica,
	veremos si de los filos	470
	de aquesta airada cuchilla
	es poderoso a librarle,
	que así Guillermo castiga.

Obispo	Piedad, señor, ya está bueno;
	ya está, suspended las iras.

Duque	No esperes que de mis plantas
	te has de levantar con vida,
	si de todas las censuras
	con que me prendes y ligas,
	al punto —sin dilación—	480
	no me desatas y libras.

Obispo	Dadme lugar para hacerlo.
	Aliviadme las fatigas
	de estar postrado en la tierra.

Duque	Levanta, infame, y arbitra
	mi absolución o tu muerte.

Obispo	Como a perro vil que hostigan
	me tratáis, señor. ¡Qué bien

vuestra prudencia lo mira!
Pues soy pastor que el rebaño 490
rondo con fieles vigilias,
y soy perro en los ladridos
que os doy de aviso y doctrina,
para que las torpes garras
de vuestro vicio no os rindan.

Duque   Acaba de hablar. ¿Ahora
a predicarme te aplicas?

Obispo   Así, señor, vuestras plantas,
como a mí me hollaron, midan
las coronadas cabezas 500
de los más remotos escitas,
que a escucharme se disponga
vuestra atención más benigna.

Duque   No haré poco en escucharte.

Obispo   Pues sufridme que esto os diga:
nuevo paladín de Francia,
conde de Pictavia invicto,
duque de Aquitania heroico,
generoso dueño mío,
ioh, cuánto de vuestra vida 510
trocados los tiempos miro!
iTan infelices los medios,
tan gloriosos los principios!
Otro os envidiaba el mundo
cuando, el limpio arnés vestido,
tantas belicosas tropas
os aclamaron caudillo;
más que mucho, si nacisteis

tan gran soldado y tan hijo
del belicoso planeta   520
que arde en el zafiro quinto;
que os son lisonja las armas,
que os aplauden los peligros
y sin guerra estáis, cual pez
fuera del nativo abismo.
Mas, ¡ay! Permitid, señor,
que aquí interrumpan suspiros
tan nobles abonos vuestros
(principios tan bien lucidos),
pues cuando esperé que en vos   530
fueran blasón sucesivo
estos honrosos empleos
de vuestros años floridos,
os dejáis prender tan fácil
en el cautiverio indigno
de tantos como os arrastran
torpes venenosos vicios.
Perdonadme si os he hablado
tan desenfadado y liso,
que ha cundido mucho el cáncer   540
y es menester el cuchillo.
¿Qué honestidad de matrona
triunfo no os costó impúdico?
¿Qué virgen —flor juvenil—
a vuestro acecho lascivo
no quedó por vos ajada?
¿Qué padre, hermano o marido
—ofendido en el honor—
no os llamó tirano a gritos?
¿Qué cruel atrocidad?   550
¿Qué rigor ejecutivo?
¿Qué gravamen? ¿Qué violencia?

¿Qué desafuero y suplicio
no descargáis cada día,
sin Dios, sin rienda y sin tino,
en los míseros vasallos
siempre de vos oprimidos?
Por donde vivís, de todos
tan desamado y malquisto,
que solamente los tiene,   560
en vuestra obediencia fijos,
el quizá de que han de veros
alguna vez reducido
(tanto con su dueño puede,
de los pueblos, el carino).
Y ahora, tras tantos excesos,
crecéis de nuevo el que miro,
usurpando a vuestro hermano
la honesta mitad que quiso
darle —de su lecho— el cielo;   570
que, solo por ser delito
perpetrado por Herodes
—cuando al precursor de Cristo
dio por su ocasión la muerte
con un cristiano fastidio—,
os debía dar en rostro
tan bárbaro desatino,
por no parecer a un hombre
que fue, de insultos, prodigio.
Doblemos aquí la hoja,   580
en tanto que solicito
traeros a la memoria
los católicos y píos
príncipes de vuestra sangre,
y mayores siempre invictos.
Dad vuelta por todos ellos,

haced atento escrutinio
de sus heroicas acciones,
y veamos si aun los visos
descubrís, en ellas todas,   590
de un proceder tan indigno.
Pues, como os preciáis, señor,
de su estado y timbre antiguo,
¿por qué no de sus virtudes,
que es caudal más noble y rico?
Porque un príncipe cristiano,
con tanto esplendor nacido,
siendo su honor el de Carlos,
¿ha de querer deslucirlo?
Mirad, señor, que tenéis   600
de Dios el tremendo juicio
provocado contra vos.
Temed, temed su castigo.
Mas ¡ay! No lo quiera, no.
Primero, en mi vida, el filo
de su justicia descargue.
Dios es señor muy sufrido;
mas, si tanto le irritáis,
¿juzgáis que siempre benigno
os respetará por duque,   610
por valiente, por valido?
No, no, que si le hace señas
de la muerte al cierzo frío,
dará con todas las flores,
de aquellos bienes postizos,
en el horror del sepulcro,
y entonces —¡ay, dueño mío!—
¿qué cuenta daréis, qué cuenta,
de errores tan excesivos,
de tiempo tan mal gastado,   620

de cargos tan mal cumplidos?
Perdonadme, que no es esto
—como vos pensáis— reñiros,
sino un deseo eficaz
—¡oh, príncipe esclarecido!—
de que seáis un gran santo
(que lo habéis de ser confío)
y un buscar con estas luces
la dracma que se ha perdido.
¡Duque, príncipe, señor,   630
volved en vos, reducíos!
Como vasallo os lo ruego
y os lo exhorto como amigo.
Volved atrás, recataos
del eterno precipicio,
donde a despeñaros lleva
vuestro error y descamino.

(Alza la voz.) Y, si no, señor, si no,
volvamos para decirlo
donde doblamos la hoja;   640
y, desdoblándola, digo:
que si no restituís
a Matilde a su marido,
y si, reducido a Dios,
no hacéis, en el ejercicio
de vuestros pecados, pausa,
en lugar del beneficio
de la absolución pedida,
de nuevo os enlazo y ligo
con excomunión más fuerte.   650
Bien sé, según os he visto
alborotado el semblante,
que puedo —para el cuchillo—
apercibir la garganta.

(Híncase.)   Veis aquí: os la postro y rindo.
Ahora sí, cortad mi cuello;
aunque, según me lastimo
de veros perder, más bien
dará mi dolor el filo.

Duque   Cuando aguardaba, villano;   660
cuando esperaba, enemigo,
soltura de las prisiones,
¿vuelves de nuevo, atrevido,
a excomulgarme? Mas ya
que tú te has puesto al suplicio,
¡vive Dios que en tu vil sangre
mi acero he de ver teñido!
Recibe, pues, de este golpe
tu merecido castigo.

(Amágale y se detiene.)

                    Mas no, que bien tanteado...   670
mas no, que bien discurrido...
en lugar de castigarte
te hiciera un gran beneficio,
dándote mi mano el cielo
con la palma del martirio.
Y es tanto lo que aborrezco
tu persona, que abomino
el que por mi mano gocen
tus sienes laurel empíreo.
Levanta, traidor, levanta,   680
y coge luego el camino,
desterrado de tu silla,
sin más consuelo ni abrigo
que el que te pueda ofrecer

el llevarte a ti contigo.

Obispo   ¡Qué bien, señor, conocéis
                este pecador indigno!
                Pues le tratáis cual merecen
                hombres, como yo, perdidos.
                Yo os doy mi palabra y fe   690
                de que mi ruego continuo
                os solicite, de Dios,
                los necesarios auxilios,
                por paga de este destierro;
                porque tengo en él previsto
                que he de servirte de escala
                para el celestial Olimpo.

Duque   Vete, infame, vete presto,
                que más, con verte, me irrito.

Obispo   Ya me voy, no os enojéis;   700
                ya a obedeceros camino.

(Vase el obispo y sale Arnaldo.)

Arnaldo   Como a vuestra alteza, así,
                tan descuidado, le miro,
                cuando Carlos, por su estado,
                entra tan feroz y altivo,
                que ya la esperanza pierden
                los nuestros de resistirlo.

Duque   ¿Carlos se me atreve tanto?
                ¡Oh, hermano, vil fementido!
                Sin duda piensa el cobarde   710
                que en lo viviente no asisto,

o que de Guillermo está
el ardimiento dormido.

Arnaldo   Señor, su agravio...

Duque   Callad.
Si yo a Matilde le quito,
viniéramela a pedir
postrado, humilde y rendido
(que quizá no se la diera);
mas, ¿para mí tantos bríos
un mozuelo? ¡Vive Dios!   720
Mas, ¿qué importa si estoy vivo?
Yo iré en persona, yo propio,
y, de los peinados rizos,
le colgaré de una almena.
Arnaldo, a vos os dirijo
el armar mis tropas luego,
que, antes que los rayos cintios
coronen segunda vez
esos altos obeliscos,
sobre Carlos he de estar   730
y, sin más que haberle visto,
le he de matar con los ojos,
como cruel basilisco.

(Tocan cajas, alborótase el duque, saca la espada y corre desatinadamente.)

¡Hola! ¿Está la gente a punto?
¿Qué aguardamos? ¿No embestimos?
Toca alarma, toca alarma.
Guarte, Carlos, que ya embisto.
Guarte, que va sobre ti
un rayo del cielo mismo:

	mayor horror que la muerte,	740
	más que un infierno un peligro.	

Arnaldo   Vuelva vuestra alteza en sí,
            que su diversión admiro.

Duque   Tenéis razón. En tratando
            de este militar ruido,
            me arrebata esta pasión.
            Venid, Arnaldo, conmigo,
            que más cuidado me da
            —en el mal que solicito—
            el desdén de la mujer   750
            que los celos del marido.

(Vanse, y se muda el teatro en campanas, que manifiestan los muros de la ciudad en el foro, y sale fray Bernardo solo.)

Bernardo   Por la iglesia militante
            empeñado y sin sosiego,
            buscando a Guillermo llego
            a Pictavia en este instante.
            Atrás la gente quedó,
            que me acompaña fiel;
            porque, para hablar con él,
            quiero llegar solo yo.
            ¡Oh! ¡Qué favor especial   760
            de mano de Dios tuviera,
            si a Guillermo redujera
            Bernardo de Claraval!
            Ello es que lo he de emprender
            en aqueste despoblado,
            antes de ver el sagrado
            monasterio de Cister.

Pues con la ocasión urgente
de la discordia que tienen
hoy ambos hermanos, vienen   770
a la lid personalmente,
y, aunque sea con mi disgusto,
les quiero salir al paso,
por si la guerra embarazo
y sus conciertos ajusto,
conquistando a mi deseo
a aqueste monstruo feroz,
e introduciendo a los dos
en más generoso empleo.
¡Ea, pues! Ya no hay que aguardar,   780
que ambos el terreno pisan,
y ya las cajas me avisan
de que es tiempo de llegar.

(Vase y, al son de cajas y clarines, sale Carlos vestido de luto, Godofre y soldados.)

Carlos   Capitanes y soldados
de mi ejército valiente,
que allá en el Asia ceñiste
los militares laureles,
ganados con tanta gloria
contra las tropas rebeldes
de azapos y mamelucos,   790
soldanes y belerbeyes
en asistencia y favor
de los príncipes franceses
de mi sangre que, en la Siria,
tan altos hechos emprenden.
Si entonces ejercitasteis
el acero honrosamente,

conquistando los blasones
que vuestro honor enriquecen,
hoy habéis de ejercitarlo,   800
volviendo por el que pierde
vuestro infeliz capitán;
por el desafuero aleve
de un tirano de mi sangre...
de un hermano. A Dios pluguiese
que nunca lo fuera (¡ay, triste!),
pues sera caso indecente
que un capitán sin honor
les dé militares leyes
a tan honrados soldados...   810
a capitanes tan fieles.
Sin honra estoy y sin vida;
sin honra, porque me ofenden;
sin vida, pues sin Matilde
no hay vida que a mí me aliente.
Más cadáver soy que un muerto,
porque a un difunto —en su muerte—
con sus exequias le honran,
y —en fin— vida de honra tiene.
Mas yo, sin honor ni vida,   820
ya vengo a morir dos veces,
si no hacéis este milagro
de dar la vida que pierde
al hombre más infelice.
Valedme, amigos, valedme,
que muero de mis agravios
y vivo de mi accidente,
por cuenta de la esperanza
que vuestro valor me ofrece:
de que he de morir vengado,   830
o morir sin que me vengue.

Godofre	¿Qué penas, ilustre Carlos,
	a vuexcelencia entristecen,
	cuando tan lucidas tropas
	siguiendo sus armas vienen?
	O es desconfianza aquesta
	de vuestros aceros fieles,
	o sobrado rendimiento
	de esa pasión que le vence.

Dos soldados	¡Voto a tal! Que vuexcelencia	840
	debe tener por liebres	
	a los que aquí van, pues solo	
	aqueste brazo —aunque débil—,	
	del duque y de treinta duques	
	las cabezas le promete.	

Tres soldados	¡Pesia tal con vuexcelencia!	
	¿Qué rostro y semblante es ése?	
	¿No ve que, del capitán,	
	es el ademán alegre;	
	el brío, de sus soldados?	850
	Deje la tristeza, deje,	
	que nos lleva —¡vive Dios!—	
	desconsolados de verle.	

(Cajas al lado correspondiente.)

Carlos	Amigos, no os espantéis.
	¿Pero qué rumor es ése?

Godofre	Sin duda que ya, del duque,
	marchando las tropas vienen.

Dos soldados	Ellas son, que en sus pendones
	las rosas de oro florecen.

(Vuelven las cajas y clarines, y salen por los bastidores de enfrente el duque, Arnaldo, Chasco y soldados.)

Duque	¡Ea, valientes soldados!	860
	¡Ea, mis leones franceses!	
	Ya, para emplear las garras,	
	tenéis la presa presente.	
Carlos	¡Ea, franceses gallardos!	
	¡Ea, soldados valientes!	
	Ya, para vengar mi honor,	
	os trae el deudor la suerte.	
Duque	Sienta en vuestros golpes, Carlos,	
	que es el duque a quien se atreve.	
Carlos	Sepa, en vuestro herir, el duque	870
	que es Carlos a quien ofende.	
Duque	El valor os acompaña.	
Carlos	La razón os favorece.	
Godofre	Embiste, ofendido, Carlos.	
Arnaldo	Gallardo, duque, acomete.	

(Tocan a embestir, y, al tiempo de sacar todos las espadas, sale fray Bernardo y se pone en medio.)

Bernardo	Tened, tened los aceros,

ninguno a ofenderse llegue.
¿Qué es esto, Carlos invicto?
¿Qué es esto, duque excelente?
¿Tanto puede vuestro agravio?   880
¿Tanto vuestras iras pueden,
que, faltándoos a la sangre
con injurias descorteses,
empeñáis en vuestra ofensa
los aceros que se deben
solo al religioso amparo
de la Iglesia que padece?
La Iglesia os ha menester,
duque heroico, Carlos fuerte,
que un atroz cisma la ultraja.   890
Esta sí es acción decente,
acudid a su defensa.
Es, pues, el caso, atendedme.
Murió el Pontífice Honorio,
murió para vivir siempre;
con cuyo tierno motivo,
por justa elección solemne,
fue entronizado Inocencio
en la apostólica sede.
Mas la liviandad de algunos   900
y alevosos intereses
a Inocencio desestiman
y a Pedro León prefieren.
Un ciudadano de Roma,
un monstruo al cielo rebelde,
que, canónigo reglar
de San Juan de Letrán, quiere
escalar el trono augusto
de Pedro —traidoramente—
y, con nombre de Anacleto,   910

ser saludado pretende
gran piloto de la nave
en que se embarcan los fieles.
Y, vandeado de algunos
del romano lustre y plebe,
de Roma a Inocencio excluye,
y el trono que no merece
violento anti Papa ocupa.
Ahora es tiempo que presenten
las cristianas potestades   920
—al justo pastor que tiene
el católico rebaño—
sus fuerzas en defenderle.
¡Ea, generoso duque!
Que tiembla para caerse
la fábrica de la Iglesia,
ponedle el hombro, ponedle.
Mostrad la sangre heredada
de tan nobles ascendientes;
por sus católicas huellas   930
vuestras nobles obras entren.
Asentad la paz con Carlos,
mirad que es caso indecente
que haga un príncipe cristiano
un error que solo puede
pasar entre alarbes fieros.
Volvedle a Carlos, volvedle
la prenda que le usurpáis,
ya que ella, cuerda y valiente,
su honor os ha resistido,   940
y, uniendo —como conviene—
afectos y armas con Carlos,
asistid a defenderle
su posesión a Inocencio,

	para que extirpada quede	
	tan gran cisma de la Iglesia,	
	por príncipe tan prudente.	
Duque	Yo no sé qué tiene este hombre,	
	que me admira y me suspende	
	siempre que me habla o escribe.	950
	¡Que hablarme aquí se atreviese!	
	Mas qué importa, si el castigo	
	en mi respuesta le tiene.	
	Por legítimo pastor,	
	solo a Anacleto obedece	
	mi resolución. Ni Carlos	
	quiero que a Matilde lleve.	
Bernardo	¿Eso vuestra alteza dice?	
Duque	Si queréis que de otra suerte	
	lo diga, manos a la obra.	960
Carlos	¿Eso respondes, aleve?	
Arnaldo	Mirad, señor...	
Duque	Callad vos.	
Cuatro soldados	Vive Dios que es un hereje.	
Cinco soldados	No murmures de su alteza.	
Cuatro soldados	Pues, ¿quién hay que no condene	
	resolución semejante?	
Carlos	Sol del mundo refulgente,	

	glorioso padre Bernardo,	
	vuestras piedades me dejen	
	castigar a este tirano,	970
	que bárbaro se enfurece	
	contra la Iglesia, su madre.	

Bernardo   No, Carlos, tened. ¿No teme
                         vuestra alteza a Dios? ¿Qué es esto?

Arnaldo   Que así pertinaz se ciegue.

Duque   No me canséis; quitad, padre.
                         ¡Hola, Carlos, atendedme!
                         A Matilde volveré

(Aparte.)   (—será cuando yo quisiere—),
                         si uniendo vuestras escuadras   980
                         con mis armas y mi gente,
                         me hacéis lado en defender
                         el derecho que pretende
                         tener Anacleto.

Carlos   Yo
                         a Inocencio solamente
                         por vice Dios reconozco;
                         mi dictamen le obedece,
                         y no a otro.

Duque   Pues a la lid
                         volvamos, si es de esa suerte.

Bernardo   No, señor mío. ¿Es posible   990
                         que hacer derramar no os duele,
                         tanta católica sangre?

Duque	Ya estáis, padre, impertinente.
Cinco soldados	Vive Dios que es temerario.
Chasco	Desvíese, no le acierte padre abad un hurgonazo, que es cismática esta gente.
Duque	¡Ea, soldados, al arma!
Carlos	¡Al arma, soldados fuertes!
Duque	¡Viva Anacleto, soldados! 1000
Carlos	¡Viva Inocencio, franceses!
Duque	¡Muera Carlos, atrevido!
Carlos	¡Muera Guillermo, insolente!

(Éntranse todos riñendo y diciendo, unos ¡viva Anacleto!, y otros ¡viva Inocencio!, y queda Bernardo solo.)

Bernardo	Soberano rey de gloria, solo vuestra gracia puede, de este nuevo faraón, domar el pecho rebelde. Derríbele —como a Saulo— vuestra gracia omnipotente. Porque si hoy la Iglesia aflige, 1010 vuestra ley mañana cale.

(Vase, y sale Chasco con la espada desnuda.)

Chasco	En mí no quepo del susto,
	porque soy naturalmente
	más gallina que Pilatos,
	y pueden galgos correrme.
	Por eso atrás me quedé,
	y, así que he visto que vencen
	los soldados de mi parte,
	me aparezco de repente.
(Dentro.)	¡Victoria por el gran duque! 1020
Chasco	¡Que a tan buen tiempo viniese!
	Mas, ¿qué tropel viene aquí?
	Guarda, que a cascarme vienen.
	Fínjome muerto.

(Acuéstase, y salen dos soldados de Carlos como huyendo, con las espadas desnudas.)

Dos soldados	¡Huye, Pablo!
Tres soldados	¡Arroja la espada, Félix,
	porque huyamos más aprisa!
Dos soldados	¡Quédense en el campo!
Tres soldados	Queden.

(Vanse, dejando las espadas, y Chasco se levanta furioso.)

Chasco	¡Los de Carlos son los que huyen!
	Ahora sí, Chasco valiente.
	¡Ah, perros! ¡Qué tal soy yo, 1030
	que los corrí como a liebres!

(Coge las espadas y las ensarta en su biricú.)

Estos despojos a mí
me vienen guerreramente.

(Salen Carlos y Godofre.)

Godofre   Retírese vuexcelencia;
                   mire, señor, que se pierde.

Chasco   ¡Ay, con mil sastres! Que aquí
                   mi fama es fuerza que truene.

Carlos   Déjame morir, Godofre,
                   pues que conmigo proceden
                   tan rigurosos los cielos.   1040
                   ¿Quién vio desdichas más crueles?

Chasco   ¡Temblando de miedo estoy!

Carlos   ¿No hay alguno que dé muerte
                   a un infeliz?

Godofre   Con la vida,
                   todo mal remedio tiene.

Carlos   Vete, Godofre.

Godofre   Con vos
                   he de morir juntamente.

Carlos   No, amigo, que a mis estados
                   tu presencia le conviene,
                   en tanto que yo reparo   1050

	por otros lados la gente.
(Aparte.)	(Así quiero divertirle,
	porque se vaya y me deje.)

Godofre	Solo eso puede obligarme, aunque tu riesgo me duele.

(Vase.)

Carlos	Soldados, llegaos acá.

Chasco	Para el diablo que tal llegue.

Carlos	¿Servís al duque?

Chasco	Señor... sí le sirvo.

Carlos	Pues prendedme y llevadme a su presencia, porque me mate.	1060

Chasco	¿Eso quiere? Venga la espada.

Carlos	Aquí está.

Chasco	¡Vive Dios! Que como un cohete lo he de poner. Vuelva aquí las dos manos. Vamos, breve.
(Átalo.)	Ya lo tengo bien atado. ¡Ea, camine! ¿Se detiene? Ande aprisa, o le darán. Mas ya el duque llega, espere.

(Salen el duque y Arnaldo.)

Arnaldo   ¡Gran victoria se ha ganado!   1070

Duque   Pues, si estaba yo presente,
                         ¿no se había de ganar?

Chasco   Con sus callos y juanetes,
                         me dé, señor, vuestra alteza,
                         esos pies a que los bese,
                         y este presente reciba.

Duque   ¿A quién traes aquí? ¿No es éste
                         Carlos?

Chasco   Sí.

Duque   ¿Quién lo prendió?

Chasco   Este brazo invicto y fuerte.

Duque   ¿Y ese manojo de espadas?   1080

Chasco   Ellas me persiguen siempre
                         donde estoy, que siempre ha sido
                         el cuatro espadas mi suerte.

Duque   ¿Dónde las hubiste?

Chasco   Digo
                         que a quince o veinte pobretes
                         se las quité a cuchilladas,
                         y les di tantos reveses,

que por poco dejo el campo
empedrado con sus dientes.

Duque   Nunca yo, Chasco, entendí   1090
                        que tú para tanto fueses.

Chasco   Soy el mismo Barrabás.
                        Son nones y cero, siempre
                        conmigo, los doce pares.

Duque   ¿Ya habrás visto que mereces
                        la muerte, traidor?

Carlos   Tirano,
                        haz que el pecho me atraviesen.

Duque   ¿Qué, en fin, pretendes morir?

Carlos   Morir mi desdicha quiere.

Duque   Pues mira: si yo te mato,   1100
                        será ocasión de que cese
                        la guerra y de que me falte
                        lo que a mí más me divierte;
                        ociosidad que me cansa.
                        Y, así, vete libre, vete.
                        Que, si pudiera mi furia
                        hacer que al mundo volviesen
                        cuantos hombres he matado
                        —que numerarse no pueden—,
                        mil veces les diera vida,   1110
                        para matarlos mil veces.

Carlos   Mátame, tirano, acaba.

Arnaldo	Si la vida le conceden
	a vuexcelencia, ¿qué espera?

Chasco	Y ya la espada le vuelve
	Chasco.

Duque	Y en ninguna forma
	esto beneficio —pienses—,
	sino lisonja que yo
	a mí mismo quise hacerme.

Carlos	No hay razón porque lo estime,	1120
	cuando mis agravios sienten	
	mayor rigor, pues me dejas	
	una vida como muerte.	
	Pero yo haré que algún día,	
	de aquesta piedad, te pese.	

(Vase.)

Duque	Poco —tan viles contrarios—
	dan al valor, que recele.

Chasco	Y poco premias mi hazaña.
	No lo hago porque te acuerdes.

Duque	¡Oh, buen Chasco! Deuda es mía.	1130
	Desde hoy gozas plaza y bienes	
	de gentilhombre en palacio,	
	que es muy justo que te premie.	

(Vanse el duque y Arnaldo.)

Chasco

Y a ti, gran duque —el más malo—,
te premie Dios con hacerte,
de su Iglesia, un gran santo,
y a mí, a tu lado, un santete.

Fin de la segunda jornada

Jornada tercera

(Representan los bastidores de este teatro una calle principal de la ciudad, y, supuesta la noche, salen el duque y Arnaldo, con capas.)

Duque	Presto la vuelta damos.
Arnaldo	¿Dónde vamos, señor?
Duque	A rondar vamos. ¿Qué horas serán?
Arnaldo	Que ya amanece, creo.
Duque	Mucho tiempo ha perdido mi deseo.
Arnaldo (Aparte.)	(¡Que, así el duque engañado, dé el tiempo más perdido por ganado!)
Duque	Mas antes es preciso aguardar aquí a Chasco, que traer quiso dos valentones para cierta empresa.
Arnaldo	Pues, en tanto, quisiera a vuestra alteza 10 una súplica hacer el amor mío.
Duque	Yo el buen despacho fío. Pedid lo que quisiereis.
Arnaldo	Solo quiero que, tras de tantas glorias como espero de vuestro gran valor que eterno viva, se modere la esquiva prisión de la duquesa, mi señora.

Duque	No me nombréis, Arnaldo, a esa traidora,
	que su nombre me asusta y acobarda.
Arnaldo (Aparte.)	(¡Ay, ángel bello! ¿Para cuándo guarda 20
	el cielo sus rigores?)
Duque	Mejor será que oigáis, de mis amores,
	el triunfo soberano.
Arnaldo (Aparte.)	(¡Que le sufra Dios tanto a este tirano!)
Duque	¿Queréis que os lo refiera?
Arnaldo	¿De qué manera fue?
Duque	De esta manera:
	madrugó ayer amor tras la ventura,
	antes que el alba pura
	pusiera en el oriente
	la roja banda de su ebúrnea frente, 30
	y al ocaso llegara
	a enternecer los montes con la cara,
	llorando su despojo
	la blanca hermana del planeta rojo.
	Y, al jardín conducido,
	loco de mi pasión, ciego y perdido,
	noté en las bellas flores
	una inquietud de pompas y colores;
	como que el esperar la luz del día
	era, de su atención, galantería, 40
	o mudo disuadirse los enojos,
	con nuevo estilo de adular los ojos,
	Nunca más tierna —cándida la rosa—

la prisión rasga, del capullo, hermosa,
y, antes que todas, con risueño agrado,
sobre la verde tabla de aquel prado
a copiar se adelanta,
del bello pie, la ensangrentada planta.
Del caduco Cinara,
al hijo y nieto con la belleza rara,   50
traslada diligente
a sus hojas la púrpura caliente,
llorando su desaire,
y en aromas sus quejas dando al aire.
Al fugitivo amante
—de sí mismo homicida, astro fragante—
su hermosura le inflama,
por más que a su eco enternecido llama.
Y, en fin, todas las flores,
retratando en sus hojas sus amores   60
esperaban al día,
cuando advertí que al paso les salía
un músico arroyuelo
que, haciendo mil mudanzas por el suelo,
entre todas se pierde
—sierpe de plata—, que los pies les muerde;
cuyo apacible ruido
lisonja fue de un serafín dormido,
que, planeta viviente,
corrió de Fidias al buril valiente;   70
cuya bella preferencia,
de puro amor, de pura complacencia,
al jardín encendía.
Ponderad qué haría yo, que siempre ardía.
Ni bien desnuda dio (ni bien vestida
la hermosura dormida,
con un blanco cendal, celeste traje)

a sus candores brillador celaje;
si bien tan diáfana era
la nube que cubría su primavera,   80
tan cándida y tan pura,
que, inquieta la hermosura,
se hizo de armas, de luces y colores,
y a conquistar amores
se aprestó diligente,
auxiliada del lino transparente.
Breve vasar viviente de alabastro,
emulación mayor del mayor astro,
fue, de la planta, palma,
sensitivo marfil, cristal con alma,   90
que a Venus me retrata.
Descuido bello de Matilde ingrata,
que, oculto entre las flores,
áspid —Arnaldo— fue, de mis amores,
ponzoñoso en lo ameno,
que al corazón me fue con el veneno.
Suelto el cabello ondeado
del favonio inquietado,
halagaba tal vez el rostro bello
(¡quién creerá que yo tuve celos de ello!),   100
si bien por la osadía,
que tomaba los cabos,
parecía prisión de flores
y a la espalda ausentaba resplandores;
o que estaba de luz —no bien distinta,
rayos por hebras— una verde cinta.
Sobre la mano —octava maravilla—
la purpúrea mejilla
a todas las tres Gracias desafiara,
siendo (del cielo de la hermosa cara   110
en que el Sol luces bebe)

Atlante el brazo de bruñida nieve;
cobarde, del amor, traidor acecho,
que por los ojos me sacaba el pecho.
Yo, que atento miraba en mi homicida
despierta la ocasión, la honra dormida,
la esperanza segura,
muerto el desdén y viva la hermosura,
con ansioso desvelo
de aquel pedazo de cristal del cielo   120
(porque en amor ardía)
a mi pecho apliqué la nieve fría.
Mas qué importó, si aleve
creció la llama al toque de la nieve,
y Matilde, al rumor de estos arrojos
comenzó a despertar, abrió los ojos,
manifestaron éstos sus desvíos
y se acabaron de cerrar los míos.
Aquí fue el alterarse
toda la compostura, aquí el turbarse,   130
aquí el volver a verse,
aquí el mirarme a mí y estremecerse,
aquí el mudar colores;
más que mucho, si ya todas las flores
mudado lo tenían,
asombradas del susto en que la vían.
A sus brazos me arrojo
y al blando imperio del amor me acojo,
rindiendo a su belleza
toda la majestad y la grandeza.   140
Entonces el ingrato dueño mío,
con alentado brío,
aquella breve rosa,
que al fuego del amor fue mariposa,
hacia el cielo levanta

y, haciendo pasadizo la garganta,
por conducto de nieve
a repetido impulso el aire bebe,
negándose a mis ojos
toda inquietud, toda ansias, toda enojos.   150
Cual suele impulso de cristal corriente,
del erguido peñol sorber la frente
y coronar la cima,
enfadado de ver que hay quien oprima
su imperio soberano,
así yo, entonces, la siniestra mano
que mis alientos suma,
tigre sin mancha, gavilán sin pluma,
apliqué a sus destellos
y la ocasión así por los cabellos.   160
Y con la otra, severo,
una empuñando víbora de acero,
«o te dispón», le dije,
«a remediar la pena que me aflije,
o a ver las flores llenas
del rojo humor de tus ingratas venas».
Ella, turbada, incierta,
pálida la hermosura, la voz yerta,
ya me habla con rigor, ya me maltrata,
ya en amistosas quejas se dilata,   170
ya suplica, ya ofende;
ya, antorcha de carmín, el rostro enciende,
ya llora, ya suspira,
ya mira alrededor, ya el cielo mira;
y, en fin, por afectar mayor ternura,
a entredicho tocando la hermosura,
su rozagante mayo
echó a mis pies, vencido de un desmayo,
hiriendo al suelo duro,

	encendido borrón, planeta oscuro.	180
	Ya la luz peregrina,	
	que, del carro de Venus matutina,	
	es la paloma bella,	
	coronaba los montes con su estrella,	
	cuando Matilde hermosa	
	—desmayado jazmín— alentó rosa.	
	Y, añadiendo caudal a su belleza.	

Arnaldo   Gente ha llegado, aguarde vuestra alteza.

(Salen Chasco, Jacques y Pierres embozados.)

Chasco	La flor de la rufianada	
	traigo a vuestra alteza aquí.	190

Duque   ¿Y éstos hacen algo?

Chasco   Sí,
uno nada, otro no nada.

Duque   ¡Por Dios, que es gente extremada!

Chasco   El uno sabe nadar
y otro no, con que acertar
es fácil de aqueste modo:
que nada y no nada es todo
lo que éstos saben obrar.

Duque   ¿Cómo os llamáis?

Jacques   Es mi nombre
Jacques.

Pierres	Y Pierres el mío. 200
	No hay brazo en el mundo y brío
	(vuestra alteza no se asombre)
	como el de cualquiera hombre
	de los dos: ciento he mojado,
	treinta chirlos he pegado.
Duque	¿Ninguno os han dado a vos?
Pierres	Sí han dado. Pero, ¡por Dios!,
	que siempre a traición me han dado.
Jacques	Ríome yo de otra espada
	donde está la mía: no hay peste 210
	que al mundo más vidas cueste,
	como mi cuchilla airada.
Duque (Aparte.)	(De éstos parece afectada
	la valentía, y yo querría
	tentarles la valentía.)
	Jacques, Pierres, escuchad.
	Esta calle me guardad
	hasta que amanezca el día.
	A cierta amorosa empresa
	con Chasco y Arnaldo voy. 220
	Mientras que la vuelta doy,
	nadie pase.
Pierres	Vuestra alteza
	deja aquí la fortaleza
	de una muralla en los dos.
Duque	Créolo. Quedad con Dios.

Arnaldo	¿Y qué es, señor, el intento?	
Duque	Yo os diré mi pensamiento. Andad y bajad la voz.	

(Vanse los tres.)

Jacques	Si los demás conjurados contra este tirano monstruo llegaran a esta razón, no dudo de su buen logro, pues consiguieran matarlo.	230
Pierres	Pluguiera al cielo piadoso, que nos tiene su insolencia tan ofendidos a todos, que no ha de haber en Pictavia hombre que no esté quejoso.	
Jacques	Lo que admira a todos es que un príncipe tan heroico, tan valiente, tan bizarro, tan guerrero y tan famoso como Guillermo, pudiendo ser azote de los moros (pues ya ha habido vez alguna que, intentando aquesto propio, supo poner en campaña ejército tan copioso, que más de sesenta mil eran de a caballo solo los hombres, sin los infantes que, al respecto, no eran pocos), solo viva divertido	240 250

en darle guerra a sus propios
vasallos, con homicidios,
con adulterios y oprobios,
solamente acompañado
de chocarreros chistosos
que le invierten el gobierno.

Pierres   Eso es la causa de todo,   260
que, si el duque se llevara
del parecer de los doctos
solamente y no les diera
oído a necios ambiciosos
en materias de gobierno
—de que pende su decoro—,
ni Aquitania lo llorara,
ni esto habláramos nosotros.

Jacques   Y ahora, ¿qué habemos de hacer
en cuanto a estorbar el que otro   270
pase por aquí?

Pierres   Dejar
libre el paso y no ser bobos.

Jacques   Decís bien. Con lo seguro
del parecer me conformo.

(Vuelven por el lado contrario los tres, como antes, y el duque, a su tiempo,
finge la voz.)

Duque   Aquí podéis esperar,
que yo quiero llegar solo.
Veamos si aquestos valientes
son tan alentados como

	ellos afirman, que de estos	
	está lleno el mundo todo	280
	y, en los lances más precisos,	
	son los menos animosos.	

Jacques   Pierres, ¿quién será el que viene?

Pierres   La emboscada reconozco,
                     que intenta matar al duque,
                     pues atrás le quedan otros.

Duque   ¿Podré pasar, caballeros?

Pierres   No hay quien le sirva de estorbo.

Jacques   Pase muy enhorabuena.

Duque   Villanos, ¿de aqueste modo   290
                     mostráis la civil bajeza?
                     ¡Vive Dios, que de vosotros
                     ni aun las memorias infames
                     tengo de dejar!

Los dos   Socorro.

(Mételos a cuchilladas.)

Arnaldo   Ya el duque les embistió.
                     Sin duda no estaban prontos
                     a su mandato.

Chasco   No arriendo
                     las ganancias a sus lomos.

Pierres	¡Ay, infeliz!
Chasco	Allá va uno.
Jacques	¡Muerto soy!
Chasco	Allá va el otro.

300

Arnaldo	A los dos ha dado muerte.
Chasco	Y aun le parecerá poco.

(Sale el duque limpiando la espada en la capa.)

Duque	¡Hola, Chasco!
Chasco	¡Gran señor!
Duque	Ya tus rufianes famosos
	quedan muertos al rigor
	de esta espada.

Chasco   Buen socorro
les ha dado vuestra alteza,
que al menos ya no harán costo
en sus casas. Y excusados
quedarán ya del sonrojo   310
de pedir prestado a alguno,
como también del engorro
de vestirse y desnudarse
todos los días, que es penoso.

(Salen los embozados que pudieren con espada en mano.)

Arnaldo	¿Qué es esto?
Duque	¿Qué puede ser, traidores? Que a mis enojos vendrán a rendir las vidas.
Todos (Acometen a los tres.)	Lleguemos a un tiempo todos.
Uno	Muera este tirano.
Otro	Muera.
Chasco	Muera mientras yo me escondo. 320
(Vase.)	
Arnaldo	Favor al duque Guillermo.
Duque	No digáis tal, que me corro, pues, para valor tan grande, aun es el motivo corto.
Uno.	Muera el duque de Aquitania.
Peregrino (Dentro.)	No morirá, que yo tomo hoy a mi cargo el guardarle para asunto más heroico. Huye, Guillermo, el riesgo, que son los gozos 330 de este mísero mundo peligros todos.

(Mientras ha dicho esto, desaparecieron todas las figuras. El teatro se mudó violentamente en monte, y sale por el tablado, con un hacha, el peregrino alumbrando al duque.)

Duque	¡Cielos! ¿Qué es lo que estoy viendo?	
	Peregrino joven, ¿cómo	
	me supo apartar tan presto,	
	del tumulto bullicioso,	
	esa antorcha que en tu mano	
	ha entorpecido mis ojos?	
	¿No estaba yo en este instante	
	entre aquel confuso corro	340
	de traidores, que querían	
	darme la muerte, alevosos?	
	Pues, ¿por qué razón has sido,	
	de mis venganzas, estorbo,	
	descaminándome así?	
Peregrino	No son, duque generoso,	
	descaminos que te busco,	
	peligros que te ocasiono;	
	no son sino beneficios	
	de impulso más poderoso	350
	que, por alumbrarte el alma,	
	ha deslumbrado tus ojos.	
	No dudes que aquella turba	
	quitara a tu pecho heroico	
	la vida, sin entonces yo,	
	con aqueste breve rojo	
	sustituto del planeta	
	que luce en el cuarto solio,	
	no embargara sus designios,	
	y a aqueste distrito solo	360
	te condujera, porque	

más benigno y más piadoso
atendieses a Bernardo,
al cual aquí hallarás pronto,
pues aqueste monasterio,
que sobre ese país frondoso
estás mirando, es el suyo;
desde donde, en el negocio
de que tus culpas detengan
el curso tan peligroso,   370
está tratando con Dios;
y, así, con afable rostro
llega a hablarle y ejecuta
sus consejos amorosos.
Y, pues, ya el farol del cielo
destierra del mundo todo
el negro babel opaco,
con su rubio lustre hermoso,
de más está aquesta luz
con que tus pasos convoyo.   380

(Apaga la luz.)

Duque   ¿Y no me dirás quién eres,
                 o qué es lo que yo te importo,
                 que así te empeñas por mí?

Peregrino   Un amigo tuyo solo,
                 que siempre a tu lado asiste
                 y solicita tu logro.

(Vase.)

Duque   ¡Válgame Dios! Yo he quedado
                 maravillado y absorto.

Dios con prodigios me busca,
y yo a sus auxilios sordo.   390
Ni con su piedad me ablando,
ni de su rigor me asombro.
Mas ya entre aquellas florestas
—si no se engañan mis ojos—,
de Bernardo el monasterio
descubro, y ya presuroso,
de su pardo bulto, veo
bajar un monje. Bien noto,
de más cerca, ser Bernardo.
Hoy mi natural fogoso   400
me perdone, que he de hablarle
con cariñoso desahogo.

(Sale fray Bernardo.)

Bernardo   ¿Tan de mañana, señor?
                  ¿Tan apacible y tan solo,
                  sin el conjunto preciso
                  de sus soldados briosos,
                  viene a visitar, afable,
                  con denuedo tan heroico,
                  con suavidad tan humana,
                  el monasterio dichoso   410
                  de estos capellanes suyos?

Duque   Solo vos, Bernardo, solo
                  podéis haber conseguido
                  que viniese de este modo;
                  pues, aunque hasta aquí he llegado,
                  no sabré deciros cómo.
                  Estaba yo en la ciudad.

Bernardo	Ya lo sé, ya lo sé todo.	
	Dios, señor, así lo ha hecho,	
	para que os haga notorio	420
	el rigor de su justicia.	
	Y, así, en su nombre os exhorto	
	a que, en el conocimiento	
	de tantas luces remoto,	
	no aplaudáis los homicidios,	
	no deis motivo a los robos,	
	que siempre, señor, lo dieron	
	el mal ejemplo y el ocio.	
	No apadrinéis los insultos	
	de cisma tan pernicioso,	430
	amparando, de Anacleto,	
	el derecho en vuestros hombros,	
	cuando Alemania y España,	
	Francia, Inglaterra y todos	
	los príncipes soberanos	
	(que alistados en el rojo	
	estandarte de la cruz)	
	siguen el derecho propio	
	del Pontífice Inocencio.	
	Pues más guerra dais vos solo	440
	—desde Aquitania, a la Iglesia—,	
	que cien mil alfanjes corvos,	
	desde la Asia. Que no deis	
	esfuerzos al lastimoso	
	destierro de los obispos,	
	con repetidos oprobios.	
	Mil ejemplos hay que os muevan.	
	Ponderad cuán riguroso	
	castigó —en Coré y Datán—	
	Dios, señor, aquesto propio,	450
	porque fueron los primeros	

que cismatizaron locos,
y el sumo pontificado
de Aarón afectaron. Como
no sufriendo esto la tierra,
rasgó su seno horroroso,
por donde se los tragó.
Cuando a Silverio del trono
depuso el emperador
Justiniano, por antojo   460
de Teodora, su mujer,
¿con cuántos marciales ahogos
no afligió su imperio Dios?
Mirad el fin lastimoso
del capitán Belisario,
que instrumento del despojo
fue de Silverio. Volved
a sus desdichas los ojos.
¿Más que esto?

(Tocan cajas, y el duque se levanta desatinado, metiendo mano a la espada.)

Duque   De las cajas
                         es el estruendo sonoro,   470
                         que poblando el aire alienta
                         los ánimos generosos.
                         Sin duda mi hermano es éste.
                         ¿Pues qué aguardo que no logro
                         con su muerte mi deseo?
                         ¡Fuego de mí mismo arrojo!
                         ¡Toca alarma, toca alarma!

Bernardo   Esperad, señor, un poco.
                         ¿Qué os ha sucedido?

Duque	Nada.
	Este marcial alboroto, 480
	que de mí mismo me saca.
Bernardo	Pues volved en vos y, en, cobro,
	vuelva a quedar el sentido.
Duque	Cuanto mandareis otorgo.
Bernardo	¿Prosigo, pues?
Duque	Proseguid,
	que gustosamente os oigo.
Bernardo	Pedisteis sacro concurso
	de un concilio majestuoso,
	que la verdad declarara
	de la elección. Efectuólo 490
	así la piedad cristiana.
	Que tenéis noticia, noto,
	del de Reims y el de Pisa,
	en que ambos declaran solo
	por vice Dios a Inocencio.
	Y más con esto me asombro,
	pues no os convencéis con tantos
	pareceres de hombres doctos
	como allí asistieron, tantos
	obispos, tantos piadosos 500
	doctores, que en la verdad
	fundaron su mayor logro.
	¡Y que todo esto no baste!
	¿Posible es que no os da en rostro
	el veros excomulgado?
	¿Con mil pulsos pavorosos

no os da en el alma latidos
el contemplaros hediondo
miembro de la Iglesia? ¿Así
degeneráis de lo heroico?   510
¡Ea, señor!, que ya es mucho,
ya es mucho cerrar los ojos
a tantas luces del cielo,
a tantos de Dios socorros,
a verdades tan constantes
y a motivos tan notorios.
Volved, volvedle a Matilde
a vuestro hermano y su esposo
y a los obispos que habéis
desterrado de sus solios;   520
porque siguen la verdad,
restituidles los despojos.
Dejad el cisma, poned,
señor, a la Iglesia el hombro;
así, en ella colocado
(¡oh, príncipe generoso!)
después de una justa enmienda,
os vean los humanos ojos.

Duque   En cuanto a dar la obediencia
a Inocencio, ya lo otorgo,   530
padre, porque no digáis
que os lo quiero negar todo.
Pero en cuanto a restituir
los obispos a sus tronos,
por mi vida y por la vuestra
que no he de hacerlo.

Bernardo   Forzoso
ha de ser, si obedecéis

a Inocencio, que esto propio
os mande.

Duque   Pues si es así
otra vez, al cisma torno.   540

(Tocan, y se para el duque como antes.)

Bernardo   Esperad, señor.

Duque   No puedo,
que me ha llamado el sonoro
instrumento, que al valor
de mi pecho victorioso
siempre aclamó, y no es posible
estar, en tanto bochorno,
con sosiego. Toca alarma.

(Vase.)

Bernardo   Dios y señor poderoso,
pues miráis que es causa vuestra
el reducir a este monstruo,   550
mirad vos por vuestra causa,
porque yo no basto solo.

(Múdase el teatro aquí en la misma campaña que se vio en la Segunda jornada, y salen Carlos y Godofre.)

Carlos   Ya vuelvo otra vez, Godofre,
con armas y aceros,
a poblar esta campaña
con tafetanes y fresnos.
Veinte mil soldados sigo,

y más de cien mil mis celos,
con que ya llevo en mi agravio
mayores armas que llevo.   560
No sosiego hasta vengarme,
porque no tiene sosiego,
mientras está en ser la ofensa,
menos que en dejar de serlo.
En busca de mi enemigo
he penetrado tan dentro
de sus estados, que a vista
de su propia corte llego,
y, con ser que estoy tan cerca,
nadie me sale al encuentro;   570
por donde a entender me doy,
que es disimulo del miedo
o mesura de la astucia.
Pues, de temor en Guillermo,
ni aun el nombre caber pudo,
que, aunque enemigo, confieso
su valor; pues, de la astucia,
jamás su bizarro aliento
quiso valerse. ¿Por qué
será el estarse tan quieto?   580

Godofre   Ni es astucia, ni es temor.

Carlos   ¿Pues qué puede ser?

Godofre   Desprecio.

Carlos   ¿Desprecio de mí?

Godofre   Sí, Carlos,
que es el duque tan soberbio,

que parece que se está,
de vuestra invasión, riendo.

Carlos   Pues vive Dios que, antes que,
de su pardo terciopelo,
tienda el pabellón la noche
sobre esos montes soberbios,   590
he de estar en su palacio
trasladando los incendios,
de mi cólera a sus muros,
de mi agravio a todo el pueblo.

(Salen los dos soldados de Carlos.)

Los dos   Señor, el duque ha llegado,
dispón la batalla presto.

Godofre   ¿Veis cómo el duque no duerme
y que es enemigo alerto?

(Salen el duque y Arnaldo hablando entre sí, y detrás Chasco y soldados.)

Arnaldo   Con cuidado me tenía
vuestra alteza.

Duque   Fue suceso   600
que no sabré averiguar.
Yo me hallé en el monasterio
de Bernardo, sin saber
cómo o por dónde.

Arnaldo   Lo mismo
casi, señor, sucedió
a todos. Pero, ¿qué es esto?

(Tocan cajas y clarines.)

Duque   ¿Dónde está el traidor de Carlos?

Carlos   Aquí, tirano, te espero.

Duque   Hoy me ha de pagar tu vida
                          tan locos atrevimientos.   610

Carlos   Hoy me ha de volver tu muerte
                          el honor que estoy perdiendo.

Duque   Rayo he de ser que te abrase.

Carlos   Parca he de ser de tu aliento.

Duque   Esta espada lo dirá.

Carlos   Presto lo dirá este acero.

Duque   Toca al arma.

Carlos   Toca al arma.

Chasco   ¡Ea! Que rabio por ello,
                          como por tocino un moro,
                          como por bizcocho un viejo.   620

(Tocan y éntranse riñendo todos, quedando solo Chasco.)

Carlos y los suyos   Estos anacletos mueran.

El duque y los suyos   Mueran estos inocencios.

114

Chasco	¡Que haya simples que se maten
	con tan poco miramiento!
	A fe que yo no he de entrar
	en la función, porque tengo
	el corazón muy piadoso
	y con chirlos no me llevo.
	Esconderme es lo mejor
	(como de costumbre tengo, 630
	aunque lo saben muy pocos)
	entre estas breñas, y luego,
	así que el duque los mate
	a todos —que así lo creo—,
	salir diciendo que yo
	di la muerte a los más de ellos.

(Escóndese, y sale Carlos herido en el rostro, retirándose del duque.)

Carlos	Herido estoy, y la falta
	de la sangre va venciendo
	mi vigor, mas no mi brío.
	Mas, la que en las venas tengo 640
	es sangre, tirano, tuya,
	y por eso, al mejor tiempo,
	villana me desampara.

Duque	Y por eso yo la vierto,
	porque es mía; por no deberle
	a mi sangre ese respeto.

(Éntranse en la misma forma, y sale Matilde disfrazada en labradora.)

Matilde	¿Adónde, infeliz Matilde,
	te ha conducido el funesto,

trágico, infausto, cobarde
engaño de tu deseo,   650
si adonde el remedio buscas,
solo has encontrado un riesgo?
Con la ocasión de faltar
de palacio el duque fiero,
le hurté, entre tanto, animosa,
en aqueste traje, el cuerpo,
porque supe que llegaba
aquí, sus tropas rigiendo,
Carlos mi esposo. ¡Ay de mí,
que ya me falta el aliento   660
y, de cansada y cobarde,
las plantas mover no puedo!
¡Muerta estoy! ¡Válgame Dios!
¿Qué he de hacer si en seguimiento
mío, del duque los soldados
han venido?

(Cajas.)   Mas, ¿qué veo?
Ya se arresta la batalla
y los dos campos a un tiempo
se embisten. Ya los de Carlos,
reconociendo el esfuerzo   670
del duque, desbaratados
le afirman el vencimiento,
escribiendo con su sangre,
en la campaña, el suceso.
¡Cielos, socorred la vida
de mi esposo!

(Mirando a todas partes.)

                Cruel Guillermo,
no mates mi vida en Carlos;

aquí está, aquí está mi pecho:
mátame a mí. ¡Dios me valga!
¡Mi esposo, mi esposo! ¡Cielos!   680

Chasco   Si la vista no se engaña,
                  Matilde es la que allí veo
                  en traje de labradora
                  disfrazada. Lindo cuento
                  tengo de vender al duque,
                  aunque sea por caramelos.

(Sale Carlos manteniéndose sobre el puño de la espada.)

Carlos   Quitáronme mis vasallos
                  de las manos del sangriento
                  duque, cuando ya la vida,
                  despidiéndose del cuerpo   690
                  todo lo que tarda, es solo
                  hacer mayor mi tormento;
                  y, perdiéndolos a todos
                  de vista, solo me veo
                  a mí conmigo, anegado
                  en mi sangre y sin aliento;
                  perdidas las esperanzas,
                  el corazón sin sosiego
                  y el heredado valor
                  desmayado, si no muerto.   700
                  ¡Yo muero! ¡Ay de mí, infeliz!
                  Solo siento, solo siento
                  el que mi esposa... Más ¡ay,
                  memorias! Dejemos esto,
                  que se embarazan los males
                  por llegar todos a un tiempo.

117

Chasco	Carlos es éste, y aquí hay coloquio de alma y cuerpo. Yo he de quedar esta vez empachado de secretos. 710
Matilde	Solo a un soldado allí he visto. ¡Oh, si quisieran los cielos que fuera de los de Carlos!
Carlos	Una labradora veo que a mí se llega. Mujer, llega, llégate a mí presto.
Matilde	Soldado... Pero, ¿qué miro?
Carlos	¡Qué he visto, divinos cielos!
Matilde	¡Válgame todo mi amor!
Carlos	¡Válgame todo mi esfuerzo! 720
Matilde	¿Carlos?
Carlos	¿Matilde?
Matilde	Inmortal soy, pues en mal tan severo no pierdo esta triste vida.
Carlos	¿Qué es esto, mi bien, qué es esto?
Matilde	Venir en tu busca, esposo, del tirano duque huyendo.

Carlos	Dame mil veces los brazos.

(Vala a abrazar y detiénese.)

Matilde	Y el alma también con ellos.

Carlos	Mas espérate, detente.

Matilde	¿Qué te detienes, suspenso?	730

Carlos	¿Vive mi honra, Matilde?

(Pónese Matilde la mano en los ojos.)

¿No hablas? ¡Válgame el cielo!
¿Callas y lloras? ¡Ay, Dios!
¡Qué presagio tan funesto!

(Quédanse mirando uno a otro, y sale Godofre.)

Godofre	Todo el campo he registrado,
	y hallar a Carlos no puedo.
	Sin duda le prendió el duque.
	Mas, ¡cielos! ¡Qué es lo que veo!
	¿No son Carlos y Matilde?

Carlos	¡Que tan crecidos tormentos	740
	quepan en un pecho humano!	

Matilde	¡Viva estatua soy de hielo!

Carlos	¿Que al fin te quitó el honor
	ese tirano sangriento?
	Vive Dios que has de morir.

(Al ir a darle cae en tierra, y llega Godofre a levantarlo.)

Godofre   Ése es proceder muy ciego;
tened, Carlos, escuchad.
¿Qué discurso habrá tan necio,
que, de parte de Matilde,
afirme el agravio vuestro,   750
cuando es su violencia y robo
notorio en el mundo entero?

Matilde   No le detengáis, Godofre.
Pasa, esposo mío, este pecho,
si así ha de vivir el limpio
honor de tu nombre excelso.
Mátame, mi bien, y acabe
con mi vida tu tormento,
que vida contra tu honor
ni es tuya ni yo la quiero.   760
¿A qué aguardas, señor mío?
Mátame, o viven los cielos

(Matilde quita la espada a Carlos, y Godofre a Matilde.)

                    que con tu espada...

Godofre   Señora,
¿dónde está el entendimiento?
¿Adónde está la razón?
¿Qué es esto?

Matilde   De pena muero.

Godofre   Carlos, señor, dueño mío,

recobrad el noble aliento
y, pues que quedamos libres,
tomad el honrado acero,   770
que yo os llevaré en mis hombros,
de Bernardo al monasterio,
donde, del tirano duque,
podemos estar sin riesgo,
hasta que a vuestra venganza
se ofrezca mejor sendero.
Darle la muerte a Matilde
—como queríais— es exceso
contra toda la razón
y la ley.

Carlos   Vuestro consejo   780
será bien seguir por ahora,
mayormente cuando el tiempo
no ha perdido mi esperanza
para el último remedio.

Godofre   Pues vamos, señora.

Matilde   Vamos.

Carlos   Mas, si ahora dejo de hacerlo,
es solo porque no pude
hacerlo con él primero.

(Vanse y sale Chasco.)

Chasco   Ya parece que se han ido.
¡Gracias a Dios que me veo
libre de aquellas prisiones
en que me puso mi miedo!

No hay cosa en el mundo como
ser gallina. No hay coleto,
morrión, rodela, espaldar,
que guarde más el pellejo.

(Salen el duque, Arnaldo y soldados.)

Arnaldo   Ya queda deshecho y roto,
de Carlos, el campo.

Chasco   ¡Bueno!
Aquí el secreto vomito,
si al duque el Chasco le pego.   800

Duque   Como unos leones pelearon
mis franceses; mas no es nuevo,
si vive en sus corazones,
el aliento de Guillermo.

Chasco   Si vuestra alteza me hiciera
alguna merced en premio,
yo dijera cómo Carlos
y Matilde al monasterio
de Bernardo en este instante
delante de mí partieron.   810

Duque   ¿Qué es lo que dices? ¿Matilde?

Chasco   Sí señor.

Duque   Viven los cielos,
que, si los cojo en mis manos,
mañana en público fuego
los tengo de quemar vivos,

y a la duquesa con ellos.

(Sale un paje con una carta.)

Paje
Señor, en aqueste punto
llegó a palacio corriendo
un capitán de caballos,
el que ha traído aqueste pliego,   820
que a vuestra alteza remite
el Pontífice Inocencio.

(Toma el duque la carta y lee para sí.)

Arnaldo
Chasco, ¿que traerá esta carta?

Chasco
A mal me huelen los gestos
con que, las cejas arqueando,
la está entre dientes leyendo.

Duque
De esta suerte, hacer me holgara
pedazos al mensajero
que trajo esta carta.
(Rómpela.)   ¿Adónde,
adónde está? Dilo presto.   830
Habla, bruto, o te daré
cien estocadas.

Paje
                    Huyendo...
(¡Jesús me valga!) señor
se fue para el monasterio
de fray Bernardo. (¡Ay de mí,
que me arranca del pecho
el alma!)

(Cae, y acuden los dos soldados.)

Chasco   Muy buen porrazo
                  ha dado el hombre.

Duque   ¿Qué es eso?

Los cuatro   ¿Qué ha de ser? Que el miserable,
                  gran señor, se ha caído muerto   840
                  de haberos visto enojado.

Duque   Pues no ha sido ése el primero.
                  Quitadlo de ahí.

Los cinco (Aparte.)   (Ni el Demonio
                  es peor que el duque Guillermo.)

(Llévanlo.)

Arnaldo   Pues, señor, ¿qué es lo que os dice
                  Inocencio?

Duque   Muy discreto,
                  comedido y apacible,
                  a los principios, y luego
                  con severidad extraña,
                  me dice que, si no entrego   850
                  sus sillas a los obispos
                  —como me tiene propuesto
                  por él el abad Bernardo—
                  me descomulga de nuevo
                  y adjudica mis estados
                  a Carlos, con su gobierno.
                  ¿Para mí tanta arrogancia

el Pontífice? ¿Con fieros
y papelillos armado,
piensa vencer a Guillermo?   860
¡Rabiando estoy de coraje!
Vive Dios que si me aferro
yo de mis fuerzas no más,
que vaya y le prenda fuego
a su palacio.

Arnaldo   Señor,
mirad que ya por supremo
vicario de Jesucristo
le venera el mundo entero.

Duque   ¿Vos me replicáis, Arnaldo?
Pues iréis también al fuego   870
en que han de arder los demás.

Chasco (Aparte.)   (Quemará el otro a su abuelo.)

Duque   Ahora bien, todas mis tropas
en escuadrones diversos
se han de formar, y poner
a ese monasterio cerco.
Esto ha de ser.

Arnaldo   ¿Pues qué intenta
vuestra alteza?

Duque   Demolerlo.

Arnaldo   ¡Jesús!

Chasco   ¡Alabado sea el

| | santísimo sacramento! | 880 |

Duque   Mas antes pretendo ahorcar
al que me trajo ese pliego,
quemar a Matilde, a Carlos...

Chasco   Ya escampa y llueven incendios.

Duque   ...a la duquesa y a todos
cuantos hubiere inocencios.
Y porque el tiempo es precioso,
venid, Arnaldo, que hoy quiero
en las alas de la fama
esculpir mi nombre excelso.   890

Chasco   Si no te esculpen a ti antes
mil diablos en los infiernos.

(Vanse y se muda el teatro en la perspectiva que más imitare un patio de la iglesia. Y toda la boca del foro será la puerta de ella, que se ve abierta. Y en el altar, con luces, una imagen de la Virgen, nuestra señora; fray Bernardo de rodillas en la grada, y canta música.)

               Bernardo sublime,
que a la cumbre llegas
de la mayor dicha
que se vio en la tierra;
de María gustando
el precioso néctar
que, humanado y niño,
a Dios alimenta.   900
Desde hoy más felice
se verá tu lengua;
de dulzura asombro,

pasmo de elocuencia.

(Salen Carlos, Matilde y Godofre.)

Godofre	Ya, Carlos, hemos llegado al monasterio; conceda al corazón lastimoso el aliento vuexcelencia; que ya del rigor del duque estamos libres, ya deja abiertas vuestra fortuna, a la venganza, las puertas.

910

Carlos	Corrido estoy de venir a parte que me defienda de su rigor, cuando no lo vengo a estar de mi afrenta.

Godofre	El guardarla de este modo, antes, es acción muy cuerda, supuesto que la guardáis para vengar vuestra ofensa. Mayormente cuando os miro ya recobrado.

920

Carlos	Las fuerzas con la sangre me faltaron, cuando más precisas eran. Pero nuevamente juro que, la que queda en las venas, la he de apurar tanto, que a Guillermo le parezca, la menor ofensa mía, más grande que su soberbia.

930

Godofre	Las puertas del templo ya miro abiertas, ya se deja Bernardo ver de rodillas.
Carlos	Solo ésta es vida, solo ésta.
Godofre	Entraremos a esperarlo. Pero ya la oración deja y viene a nosotros.
Matilde	Dadme, cielos, para tantas penas paciencia.

(Sale fray Bernardo.)

Carlos	¡Oh, grande Bernardo!	940
Bernardo	¿Carlos? ¡Aquí, vuexcelencia! ¿Qué es esto? Mas, ¿qué pregunto, si ya sé que la fiereza de vuestro tirano hermano aquí os conduce?	
Carlos	Las fuerzas he venido a recobrar, piadoso padre de la Iglesia, porque aquestas necesito solo, para defenderla.	
Bernardo	Ya lo creo. Mas advertid que de ese monstruo, esa fiera, que, abanderizando el cisma,	950

contra Cristo se rebela,
Carlos —amigo—, no estáis
seguro ni aun en la iglesia.
Porque ya viene marchando,
con intento de que sea
este templo soberano
—donde a Dios se reverencia—
despojo de su poder
y ruina de su grandeza.   960

Carlos   Pues, padre, yo con mi espada
                         quedaré en aquesta puerta,
                         defendiéndola, hasta que
                         el último aliento pierda.

Bernardo   No, Carlos, no sois bastante
                         vos, ni las mayores fuerzas,
                         contra este hombre. Solo Dios
                         es quien puede defenderla.

(Sale un soldado de Carlos, de la parte de afuera de la iglesia.)

Un soldado   ¡Padre, socorro, socorro!
                         Que el duque, como una fiera,   970
                         del Vesubio de su espada
                         viene arrojando centellas.

(Sale otro de la parte de adentro.)

Soldado   Glorioso padre Bernardo,
                         ¿qué hemos de hacer? Ya se acerca
                         mucho el duque, y dicen todos
                         que viene a acabar la iglesia.

Bernardo	No acabará, que Dios es
	quien la ampara y la fomenta.
	Y, contra Dios, no hay poder,
	majestad, valor ni fuerzas.	980
	Y, porque veáis que es verdad
	esto que os digo, a la iglesia
	conmigo —en nombre de Dios—
	entrad y cerrad las puertas.

| Carlos | ¿Pues qué es lo que intentáis, padre? |

Bernardo	Presto os dará la respuesta
	el suceso, Carlos. Dios,
	de Guillermo, nos defienda.

(Éntranse todos y se cierra el foro. Salen el duque, Arnaldo, Chasco y soldados.)

Duque	Valientes soldados míos.
	Hoy es el día en que se arresta	990
	todo el valor de mi brazo
	y, de mi poder, la fuerza,
	contra la Iglesia romana,
	contra Inocencio, que intenta,
	con agravios declarados
	y repetidas ofensas,
	deslucir el timbre ilustre
	que en mi persona se ostenta.
	¡Pierdo el juicio al contemplar,
	de Inocencio, la entereza!	1000
	¿La comunión de los santos
	se le usurpa y se le niega
	al gran duque de Aquitania,
	de quien todo el orbe tiembla?

¿Para Guillermo levanta
tanto la mano la Iglesia?
¿Con tantas excomuniones
y tan ásperas sentencias,
así mi fama desluce?
¿Así mi poder afrenta?   1010
Pues vive Dios que mi espada,
en las iras mías envuelta,
por toda la cristianidad
ha de hacer mi fama eterna;
que, pues con tanto rigor
se le opone a mi grandeza,
yo haré que toda su vida
se acuerde de mí la Iglesia.

(Tocan cajas, y el duque se alborota, como siempre, metiendo mano a la espada.)

Toca alarma, toca alarma.
Mueran, mueran cuantos llevan   1020
en mi agravio, conjurados,
de Inocencio las banderas.
Mueran todos, mueran todos,
no quede en el templo piedra;
que no vaya a dar, del caso,
la noticia a las estrellas.
¿Quién contra tanto poder
puede aventurar sus fuerzas?
¿Quién contra tanto valor?
¿Quién contra tanta soberbia?   1030

(Dentro, Bernardo.)

El soberano Señor

de los cielos y la tierra.

(En diciendo esto fray Bernardo, se abren las puertas de la iglesia, suenan campanillas y música, y [aquél] va saliendo revestido con capa de choro, con una custodia en las manos. [Salen] cuatro ángeles —que son los que cantan—, alumbrando con hachas, alguna gente con luces, monacillos con ciriales y demás adorno que demanda esta imitación.)

> Te Deum laudamus,
> Te dominum confitemur...

Bernardo

> Endurecido Guillermo,
> perseguidor de la Iglesia,
> monstruo horrendo con quien no
> han bastado humanas fuerzas.
> Veis aquí al Dios inmortal,
> que, en el disfraz de esta oblea,   1040
> su grande soberanía
> amoroso sacramenta.

(El duque se ha quedado pasmado mirando la custodia, y se le cae el sombrero.)

> Este círculo de pan,
> adonde la fe venera,
> en la menor estatura,
> la mayor omnipotencia.
> El Señor que ha de juzgarte
> en aquella hora tremenda,
> y a quien de tan mala vida
> has de dar estrecha cuenta,   1050

(El bastón.)
> éste manda que a mi voz
> (voz de espanto y de grandeza,
> por ser de Dios y no mía)

	rindas tu fiera soberbia	
	y aqueste obstinado orgullo	
	con que la Iglesia atormentas.	
(La espada.)	Veamos ahora, veamos	
	si, como a mí, le desprecias;	
	si, tirano, le castigas;	
	si, atrevido, le destierras.	1060

(Tiembla el duque.)

Duque
¡Ay, Dios! ¡Qué pavor! ¡Qué grima!
¡Ay, Dios! ¡Qué susto! ¡Qué pena
al corazón ha embestido!
El alma en ansias se anega
y, como en el árbol la hoja,
¡estoy temblando y las fuerzas
me faltan! ¡Jesús me valga!

(Cae.)

Bernardo
Sí hará, que mucho le cuestas.

Arnaldo
Señor, señor, levantad.

Bernardo
Dejadle, que a quien en tierra   1070
postra Dios, no hay mano alguna
que a levantarle se atreva.

(Dale con el pie.)
Alza, pecador, y en pie
oye tu fallo y sentencia.

(Levántase.)
No mantengas más el cisma
que contra Inocencio llevas.
Destierra de tus estados
tan grave error y, en presencia   1080
de la nobleza de Francia,

133

haz de sus sillas entrega
a los piadosos obispos
que tu iniquidad destierra.
Haz las paces con tu hermano,
restitúyele su prenda,
pide perdón de sus muchos
agravios a la duquesa.
Pon en tu vida y costumbres
una rigurosa enmienda,   1090
y sirve a Dios, que ha de hacerte
un gran santo de su Iglesia.

(Vuélvese con gravedad fray Bernardo, en la misma forma que salió. Los ángeles cantan el Te Deum laudamus, y se cierra el foro.)

Duque   Bien haces, Señor, bien haces
en irte de mi presencia
y apartarte de un tirano,
un bruto, un monstruo, una fiera
que inmensamente pecó
contra tu bondad inmensa;
el hombre más pecador
que se vio sobre la tierra;   1100
la criatura más ingrata
y la más perdida oveja.
Ya lo conozco, Señor,
ya lo conozco y me pesa.
Me pesa tanto, que solo
siento ya el que no se pueda
introducir mi persona
en cuantas el mundo pueblan,
por satisfacerte en todas.
No por temor de la pena,   1110
que aquesta, Señor divino,

como tú borres la ofensa,
el alma que ya te adora
la recibirá contenta.
Me pesa porque eres tú...
(¡Ay, Dios! ¡El alma se anega
en ansias al contemplarlo!)
...eres, mi Dios, una inmensa
majestad, un bien, principio
de los bienes que me cercan,   1120
digno de infinitas gracias
y no de culpas tan fieras.
Mas ya que no puedo ser
capaz de satisfacerlas,
con lágrimas de mis ojos
enterneceré las piedras.
Y en continua disciplina
de ayunos y penitencias,
haré pedazos mis carnes,
derramaré de las venas   1130
la sangre que te ha ofendido,
sin que la esperanza pierda.
¡Ay, divino desengaño!
¡Ay, luz del cielo serena!
¡Cómo me bañas en llanto!
¡Cómo la verdad me muestras!

(Como que llora.)

Arnaldo   Chasco, notable mudanza.

Chasco   Ventura, mejor dijeras.

Duque   ¿Arnaldo?

Arnaldo	¿Señor?
Duque	Andad y traedme aquí a la duquesa. 1140
Arnaldo	¡Oh, qué nueva tan felice le llevo!
Duque	Haced que aquí vengan Matilde y Carlos, que aquí en público ha de ser fuerza pedir a los dos perdón, pues fue pública su ofensa.
Arnaldo	Señor, voy a obedeceros.
(Vase.)	
Duque	Salimos de las tinieblas. Santísimo padre mío Inocencio, ya se acerca 1150 a vos la oveja perdida y, rindiéndoos la obediencia, abjura el fiero antipapa y solo a vos os venera. Ya a los obispos promete restituir a sus iglesias. Yo mismo, yo mismo haré al de Pictavia la entrega de la suya.

(Salen con él cuatro soldados, Carlos, Matilde y Godofre.)

Los soldados	Ya, señor,

| | están en presencia vuestra | 1160 |
| | Carlos y Matilde. |

Duque   ¡Ay, Dios!
                Saque, saque vuexcelencia
                el acero honrado, tome
                venganza de sus ofensas.
                Ya estoy postrado a sus pies.

Carlos   Levántese vuestra alteza,
                que ya le miro en estado
                en que perdonarle es deuda.
                Y, pues, del duelo importuno
                es ley inviolable y seria   1170
                que no viva el ofendido,
                en tanto que de su afrenta
                no tome venganza, yo,
                por no incurrir en la fuerza
                de ese capricho, ese error,
                ese engaño, esa quimera
                que en el mundo ha introducido
                la vanidad o soberbia,
                me acojo a la religión
                de Bernardo, si es que lleva   1180
                Matilde a bien mi opinión,
                y religiosa profesa.

Matilde   Sí haré, pues mejor esposo
                gano de esa manera.

(Salen Arnaldo, la duquesa [Eleonora] y Laura.)

Eleonora   De mi gozo embelesada
                vengo, con tan feliz nueva.

Duque	Eleonora de mis ojos,
	noble bellísima prenda,
	ángel hermoso agraviado
	de mis inicuas torpezas, 1190
	perdonadme, que ya estoy
	postrado a las plantas vuestras.
Eleonora	No hagáis tal, señor que ya
	el alma tanto se alegra
	de haberos visto medido
	con la razón y prudencia,
	que, habiendo sido tan grandes
	y rigurosas las penas
	que a mi amor habéis causado
	—si con atención se observa—, 1200
	todavía ha sido mayor
	el gusto que le ha dado ésta.
	Su queja satisfaced
	a Carlos.
Carlos	Ya satisfecha
	la tiene.
Matilde	Y yo, gran señora,
	porque religiosa muera,
	os endono a vos mis villas.
Eleonora	Y yo hago renuncia de ellas
	en Arnaldo.
Arnaldo	Las estimo,
	gran señora, como vuestras. 1210

Chasco	Dueño adorado, ya el duque se ha convertido y es fuerza seguir sus pasos. ¿Qué dices?
Laura	Que si no en esta barqueta, pícaro Chasco, será en otra, que por mi cuenta se fleta.
Chasco	Pues para entonces serás mi adorada dueña.
Eleonora	Ahora dadme los brazos.
Duque	Y el alma.

(Abrázanse.)

Chasco	¡Oh, qué bien me suena este abrazo! Porque acabe en casamiento la fiesta.	1220
Chasco con Laura	Y aquí dio, senado ilustre, fin la primera tragedia del gran duque de Aquitania. Perdonad las faltas nuestras.	

Fin de la comedia

Libros a la carta

A la carta es un servicio especializado para

empresas,

librerías,

bibliotecas,

editoriales

y centros de enseñanza;

y permite confeccionar libros que, por su formato y concepción, sirven a los propósitos más específicos de estas instituciones.

Las empresas nos encargan ediciones personalizadas para marketing editorial o para regalos institucionales. Y los interesados solicitan, a título personal, ediciones antiguas, o no disponibles en el mercado; y las acompañan con notas y comentarios críticos.

Las ediciones tienen como apoyo un libro de estilo con todo tipo de referencias sobre los criterios de tratamiento tipográfico aplicados a nuestros libros que puede ser consultado en Linkgua-ediciones.com.

Linkgua edita por encargo diferentes versiones de una misma obra con distintos tratamientos ortotipográficos (actualizaciones de carácter divulgativo de un clásico, o versiones estrictamente fieles a la edición original de referencia). Este servicio de ediciones a la carta le permitirá, si usted se dedica a la enseñanza, tener una forma de hacer pública su interpretación de un texto y, sobre una versión digitalizada «base», usted podrá introducir interpretaciones del texto fuente. Es un tópico que los profesores denuncien en clase los desmanes de una edición, o vayan comentando errores de interpretación de un texto y esta es una solución útil a esa necesidad del mundo académico.

Asimismo publicamos de manera sistemática, en un mismo catálogo, tesis doctorales y actas de congresos académicos, que son distribuidas a través de nuestra Web.

El servicio de «libros a la carta» funciona de dos formas.

1. Tenemos un fondo de libros digitalizados que usted puede personalizar en tiradas de al menos cinco ejemplares. Estas personalizaciones pueden ser de todo tipo: añadir notas de clase para uso de un grupo de estudiantes, introducir logos corporativos para uso con fines de marketing empresarial, etc. etc.

2. Buscamos libros descatalogados de otras editoriales y los reeditamos en tiradas cortas a petición de un cliente.